山东红色金融概论

张建华　等 编著

中国财经出版传媒集团

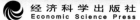

经济科学出版社
Economic Science Press

·北 京·

图书在版编目（CIP）数据

山东红色金融概论／张建华等编著 . -- 北京 ： 经
济科学出版社，2024.12. -- ISBN 978 - 7 - 5218 - 6559 - 2

Ⅰ. F832.96

中国国家版本馆 CIP 数据核字第 2024YM2031 号

责任编辑：宋　涛　郎　晶
责任校对：杨　海
责任印制：范　艳

山东红色金融概论
SHANDONG HONGSE JINRONG GAILUN

张建华　等 编著

经济科学出版社出版、发行　新华书店经销
社址：北京市海淀区阜成路甲 28 号　邮编：100142
总编部电话：010 - 88191217　发行部电话：010 - 88191522
网址：www. esp. com. cn
电子邮箱：esp@ esp. com. cn
天猫网店：经济科学出版社旗舰店
网址：http://jjkxcbs. tmall. com
北京季蜂印刷有限公司印装
880 × 1230　32 开　7. 25 印张　200000 字
2024 年 12 月第 1 版　2024 年 12 月第 1 次印刷
印数：000001—100300 册
ISBN 978 - 7 - 5218 - 6559 - 2　定价：48. 00 元
（图书出现印装问题，本社负责调换。电话：010 - 88191545）
（版权所有　侵权必究　打击盗版　举报热线：010 - 88191661
QQ：2242791300　营销中心电话：010 - 88191537
电子邮箱：dbts@ esp. com. cn）

序

　　摆在读者面前的这本《山东红色金融概论》（以下简称《概论》），是由刘德军教授主审、张建华院长主编、多位作者参与编写而成的集体研究成果。该成果是齐鲁工业大学在建成"山东红色金融博物馆"、编写《山东金融史研究丛书》（8卷本）的基础上编著而成的，有相当的学术积累和实践基础，是一本高质量的山东红色金融普及读物。

　　总的来说，《概论》至少具有以下几个突出特点。

　　第一，明确的研究对象。明确的研究对象是一部好的普及读物的前提条件。《概论》的研究对象是十分明确的。毛泽东同志曾经指出："科学研究的区分，就是根据科学对象所具有的特殊的矛盾性。因此，对于某一现象的领域所特有的某一种矛盾的研究，就构成某一门科学的对象。"① 正是根据这样的观点，《概论》在绪论中说明了山东红色金融的研究对象，明确指出："新民主主义革命不同时期山东抗日根据地与解放区的金融业创建与发展、货币政策与发行、北海银行等金融机构变化的历史进程及规律、革命精神、历史经验、多方交叉关系是山东红色金融的研究对象与范围。"《概论》的基本内容都是围绕着这一研究对象逐一展开的。

　　第二，合理的框架结构。合理的框架结构是一部好的普及读物的重要条件。《概论》的框架结构是比较合理的。全书分为"绪

---

　　① 《毛泽东选集》（第1卷），人民出版社1991年版，第309页。

论"、"尾论"和中间的五章内容。"绪论"首先围绕山东红色金融阐述了研究什么、为什么研究和怎样研究的问题，为具体研究提供了根本遵循。第一至第三章重点阐述了山东抗日根据地红色金融的创建与发展、货币政策、货币发行和金融业务与货币斗争。第四至第五章集中阐述了山东解放区货币的统一、山东解放区北海银行历史使命的完成等内容。"尾论"则从山东红色金融事业的历史贡献、历史经验、革命精神和当代价值等方面阐述了山东红色金融事业的历史启迪。这个框架结构，坚持了系统工程学观点，体现了整体性、层次性、相关性、结构性、动态性，环环紧扣，相得益彰，形成了一个山东红色金融研究的"艺术整体"。

第三，翔实的事实资料。以事实为根据，让事实说话，是一本好的普及读物的基本要求。《概论》做到了让事实说话。打开《概论》，读者可以看到生动的图文信息，特别是各章的具体内容中包括了大量的数据，这些数据都有比较权威的出处。通过运用图片、数据，以事实说明了道理，增强了说服力，而且做到了恰如其分，避免了历史资料的简单汇编。同时，这种图文并茂的形式，也增强了《概论》的吸引力和可读性，很好地体现了普及读物的普及性要求。

第四，科学的理论分析。科学的理论分析是一部好的普及读物的基本原则。《概论》做到了理论分析的科学性。《概论》的研究对象具有明显的历史性，当然需要运用大量的历史材料。但是，这绝不意味着只是摆事实，在摆事实的同时也要而且更要讲道理，即需要深刻的理论分析。《概论》的通篇内容，从理论上不仅说明了是什么，而且分析了为什么，并且阐明了做什么和怎么做等问题。《概论》的理论性分析，在各章内容中都不同程度地体现出来，特别是在"绪论"和"尾论"中更是得以充分彰显。如果说"绪论"从理论上对研究什么、为什么研究、怎样研究做了分析和概括，奠定了山东红色金融研究的逻辑起点，那么随后的五章内容则是山东红色金融研究从不同维度的逻辑展开，而"尾论"则是对山东红色金融研究的理论升华和逻辑提升。当然，这种理论分析的"讲道理"是与"摆事实"联系在一起的，真正实现了摆事实与讲道理的有机统一。

第五，突出的创新性。突出的创新性是一部好的普及读物的重要标志。《概论》具有突出的创新性。其创新性突出表现在三个方面：一是选题有新意。它不是单纯的金融问题研究，而是红色金融问题研究，关于前者的研究较多，关于后者的研究较少；它不是一般的红色金融研究，而是山东的红色金融研究，关于前者的研究不多，关于后者的研究更少。这一研究，把党史和行业史结合起来，把党领导的革命和建设事业的一个重要组成部分——山东红色金融事业作为一个整体来编写，抓住了历史发展主线，展现了革命战争年代中国共产党领导山东金融事业发展的历史进程，并着重对党领导的山东金融事业发展的重要节点和重大事件进行描述和刻画，展现了中国共产党领导下的山东金融发展历史的壮美画卷。这种研究，在一定意义上，具有填补空白的价值。二是框架结构的创新。这一点，从前面本书合理的框架结构的说明中已经可以看清楚。三是内容观点的创新。《概论》提出了许多具有独到见解的新概念、新观点、新论断。其中最具创新性的，集中体现在对山东红色金融事业的历史启迪这部分内容中，包括从根据地政权建设、根据地农业发展、根据地工业生产、根据地军事斗争等方面对山东红色金融对根据地政权建设的历史贡献的评析；从必须坚持中国共产党的领导、必须坚持以人民为中心的价值取向以及必须坚持货币主权等方面对山东红色金融事业的历史经验的总结；从白手起家、大胆创新精神，爱岗敬业、艰苦奋斗精神，不惧挑战、敢于斗争精神，以民为本、为民服务精神，大公无私、清正廉洁精神，信仰至上、矢志理想精神等方面对山东红色金融伟业的革命精神的概括；从挖掘红色精神、汲取历史经验的理论价值到传承红色精神、助力新时代金融发展的实践价值等方面对山东红色金融当代价值的阐述都颇有新意，可以说，多是发前人所未发。

从以上几个特点中，已经不难看出《概论》较好地体现了逻辑与历史的统一、历史与现实的统一、事实与价值的统一、理论与实践的统一、观点与材料的统一、普及与提高的统一，这几个"统一"足以说明《概论》是一部富有价值的普及读物，也是一部极好的红色文化教科书。

该书的出版必将有助于深化党史国史教育，有助于传承红色基因、弘扬革命精神，有助于推动金融创新发展，有助于激发爱国热情、增强民族凝聚力，也有助于将红色文化融入思政课程和课程思政，提高思政的时效性。

作为《概论》主审、主编的同行朋友，笔者有幸先睹为快。在这里，衷心感谢德军教授和建华院长提供了这样一个难得机会。以上写了自己的读后感，不一定都对，也不一定都有道理，只是将其作为个人的一些看法或想法表达出来，抛砖引玉，与读者交流。不足之处，请批评指正。相信读者一定会从《概论》中获得更多的教益。

是为序。

周向军
2024 年 11 月 18 日

Contents | **目录**

绪　　论

　　红色金融是中国共产党人在新民主主义革命时期和新中国成立初期为夺取革命胜利和巩固红色政权而创建和领导的一种特殊金融形态，是作为人类社会普遍性经济形式的金融与作为阶级斗争特殊性形式的无产阶级革命相结合的产物。[①] 山东红色金融作为红色金融的重要组成部分，是在中国共产党领导的山东地区革命战争和建设过程中所进行的革命金融活动，具有鲜明的阶级性、革命性和政治性，在中国特色金融发展史上具有重要的历史地位。对山东红色金融的研究有利于深入学习贯彻习近平经济思想、习近平文化思想以及习近平总书记关于金融工作的重要论述精神和视察山东重要讲话精神，坚定扛牢"走在前、挑大梁"使命担当，以社会主义核心价值观为引领，大力培育和弘扬中国特色金融文化，打造中国特色金融文化山东品牌，更好推动全省金融高质量发展，为奋力谱写中国式现代化山东篇章贡献金融力量。因此，有必要把本书的研究对象与内容、研究意义与研究方法作简要说明，以便使广大读者对本书有一个导入性的了解和把握。

一、山东红色金融研究的对象与内容

　　山东红色金融作为中国革命金融史的重要组成部分，承载着深

---

　　① 吕新发：《红色金融的概念、内涵与当代价值研究》，载《金融理论探索》2021年第 3 期。

厚的历史底蕴和丰富的文化内涵。其研究的对象与内容，不仅涵盖了金融机构、金融政策、金融市场等多个层面，还深入到金融工具、金融文化与精神传承等多个维度，共同构成了山东红色金融研究的丰富框架。由此，梳理山东红色金融的研究对象与内容，挖掘山东历史文化资源中的金融文化元素，深化红色金融历史课题研究，有益于推动打造齐鲁金融文化研究中心，推进金融智库建设。

（一）山东红色金融研究的对象

新民主主义革命不同时期山东抗日根据地与解放区的金融业创建与发展、货币政策与发行、北海银行等金融机构变化的历史进程及规律、革命精神、历史经验、多方交叉关系是山东红色金融的研究对象与范围。如此界定的缘由有以下几点：

首先，这是由山东红色金融特殊的历史地位和鲜明的地域特征所决定的。金融是货币的发行、流通和回笼、存款的吸收和提取、贷款的发放与收回，以及其他与货币流通和银行信用有关的一切活动总称。[①] 在中国金融史的浩瀚长河中，山东红色金融以其独特的历史地位和鲜明的地域特征，成为了研究中国金融发展历程中不可或缺的一环。山东红色金融记录了新民主主义革命不同时期山东抗日根据地与解放区金融业从无到有、从小到大、从弱到强的创建与发展历程，不仅是中国革命金融事业的重要组成部分，也是中国共产党在山东地区领导的经济斗争和金融实践的具体体现。

其次，研究山东红色金融贡献的需要。在研究时需要深入剖析山东红色金融活动与政治、经济、军事等多方面的交叉关系。虽然金融是一种经济活动，然而山东红色金融不仅涉及经济支援，还关系政权建设、军事斗争、工农业的发展等多方面。因此，这不仅需要对金融本身有深入的理解，还需要对当时的政治背景、经济状况

---

① 卜祥瑞、卜祥信主编：《简明中国金融史》，吉林大学出版社1990年版，第3页。

和军事斗争有全面的认识。研究学习者应采用系统工程学的观点，从整体性、层次性、相关性、结构性、动态性等方面进行综合阐述，厘清山东红色金融活动与政治、经济、军事等多方交叉关系。

最后，这是由继承红色基因、赓续红色血脉的时代价值所决定的。山东红色金融展现了中国共产党在金融领域的智慧与勇气，以及广大人民群众在金融斗争中的牺牲与贡献，彰显了艰苦奋斗、勇于创新、无私奉献等革命精神。山东抗日根据地与解放区通过金融手段支援革命战争，利用货币发行等金融活动影响和推动革命的进程，利用北海银行、鲁西银行等金融机构完成金融使命，推动革命从胜利走向胜利。这些都鲜明地阐释了中国共产党人带领人民群众坚定信念、开拓进取的伟大革命精神。因此，要继承红色基因、赓续红色血脉，将中华优秀传统文化中蕴含的道德规范、经济伦理与现代金融理念、金融行为深度融合，为金融文化建设提供道德滋养。

我们聚焦于在中国共产党领导下山东抗日根据地及解放区在新民主主义革命时期进行的建立银行、发行货币等金融活动。这些金融活动不仅为根据地和解放区提供了必要的财政支持，还为后来的新中国金融体系奠定了基础。通过对这一时期金融活动及其机构所呈现的现象、演变过程与内在规律的研究，可以深入地了解中国共产党在烽火连天的岁月中展现出的领导力和经济智慧，以及这一时期金融实践对新时代金融体系建设的时代价值。它们不仅是历史的见证，更是启迪未来的宝贵财富。

（二）山东红色金融研究的内容

山东红色金融作为中国共产党在革命战争时期的重要经济支柱，承载着丰富的历史内涵和深刻的实践智慧。它不仅是山东革命斗争的重要组成部分，也是新中国金融体系的重要基石。山东红色金融就是新民主主义革命时期的山东抗日根据地及解放区所进行的各类金融活动，涵盖了山东抗日根据地红色金融业的创建与发展、货币政策与货币发行、金融业务与货币斗争、山东解放区货币的统一与壮大、革命精神的继承与发展等多个方面。

1. 金融机构的创建与发展

1937 年抗日战争全面爆发，日军迅速占领山东，导致金融市场陷入混乱。日军在山东建立了金融控制网络，并发行了大量纸币，导致市场物价飞涨，百姓生活困苦。为应对这一严峻形势，中国共产党在山东抗日根据地开始着手创建自己的金融机构。

（1）北海银行的创建与发展。

1938 年 4 月，掖县抗日民主政权建立之始，即创立了北海银行，这是山东抗日根据地建立自己的货币体系的肇始。北海银行在胶东抗日根据地成长壮大，并逐步发展成为遍布山东各抗日根据地的红色银行，最终在山东及周边地区建立了以"北海币"为本位币的独立货币体系。① 这是富有战略意义的创举，北海银行于抗日战争时期在为我军筹措经费、支持战时财政、巩固根据地政权、保证战争胜利等方面立下了不可磨灭的功绩；在解放战争时期为支持土改运动、支援战略进攻、接收官僚资本银行、代行国家银行职能、推进全国货币统一，作出了十分重要的贡献。1948 年 12 月 1 日，以华北银行为基础，合并北海银行、西北农民银行，在河北省石家庄市组建了中国人民银行，并发行人民币，其成为中华人民共和国成立后的中央银行和法定本位币。② 北海银行成为人民银行得以建立的三大奠基行之一，为中华人民共和国金融事业的开创写下了浓墨重彩的篇章，在我国的金融史上占有重要地位。

北海银行作为中国共产党领导下的根据地的主要银行之一，

---

① 贾书丽、桑晓蕾、王吉刚：《掖县抗日根据地的历史贡献及蕴涵的精神特质》，载《烟台职业学院学报》2021 年第 2 期。

② 《中国人民银行历史沿革》，中国人民银行官网，http://www.pbc.gov.cn/rmyh/105226/105433/index.html。

其发展经历了从萌芽到壮大的艰难过程。总体上看，北海银行的发展历程经历了"掖县创建、战火中发展、走向货币统一"三个阶段。①

（2）鲁西银行的创建与发展。

鲁西银行是在抗日战争的烽火中创建起来的，它随着抗日战争的胜利而宣告结束，胜利地完成了历史所赋予它的任务。

鲁西银行的创建，为冀鲁豫边区建立独立自主的敌后抗日根据地创造了重要的条件。从1939年部分根据地开始发行货币，到1940年3月鲁西银行成立，冀鲁豫抗日根据地的金融货币逐步由分散走向了统一，这是冀鲁豫根据地人民的一件大事，人民开始把金融货币的经济命脉掌握在自己手里。② 在抗日战争中成长起来的鲁西银行，同军事上的对敌斗争一样，在经济战线上进行着激烈的斗争，在敌我之间经济战线上的掠夺与反掠夺、封锁与反封锁，大都是借助于货币这个工具来进行的。冀鲁豫边区以鲁西币和伪币在敌我之间进行了掠夺和反掠夺、封锁与反封锁的长期不懈的斗争，借以削弱敌人和增强自己抗击敌人的物质力量。

鲁西银行通过发行货币、贷款等银行业务以及开展投资买卖等市场经营活动，筹措了大量的资金，储备了丰富的抗战物资和充足的军需日用品，为战时的革命政权提供了有力的财政支持，成为全民族团结抗战极为重要的力量，为全国抗战胜利作出了不可磨灭的贡献。③

通过梳理研究山东红色金融机构的创建背景、发展历程、组织结构、运营方式等历史脉络，可以深入了解它们在革命战争年代所经历的艰辛与辉煌，以及在新时代背景下的传承与发展。

---

① 田明宝主编：《烟台区域文化通览　莱州卷》，人民出版社2016年版，第282页。

② 财政部财政科学研究所：《抗日根据地的财政经济》，中国财政经济出版社1987年版，第370页。

③ 贺传芬、徐建磊：《抗日烽火中的鲁西银行》，载《中国金融》2020年第16期。

2. 金融政策的制定与实施

抗日战争时期，为了应对金融市场混乱、流通工具缺乏的局面，中国共产党在山东创建了北海银行等金融机构，发行北海币，以支持抗战和根据地经济的发展。北海银行在抗日战争和解放战争中发挥了重要作用，不仅支持了财政支付，解决了抗战经费，还发行北海币，保护法币，与日寇进行货币斗争，支持了工农业生产，发展了根据地经济。这些红色金融机构和货币体系的建立，为山东乃至全国的解放事业提供了有力的金融保障。

（1）货币政策与货币发行。

山东抗日根据地在抗日战争期间实施的货币政策和所做的货币发行工作，对支持抗战和稳定根据地经济起到了至关重要的作用。根据地政权机构通过制定和实施一系列货币金融政策，有效地调控了市场，保障了军需民用，促进了根据地的经济发展。

北海银行成立后的一项重要任务就是在根据地和解放区印发北海币，以便控制经济命脉、进行货币斗争、保持物价稳定、保障军需民用。第一套北海银行票版于 1938 年 8 月初首次投放市场，同国民党法币等值流通。① 根据地制定了"打击伪币，保护法币"的政策。一方面劝告敌占区人民拒用伪币，禁止伪币流入根据地，同时承认法币为合法货币，保证其行使；另一方面，增发北海币，调换法币，使法币离开市场贮藏起来，限制法币出境，以免被敌伪掠夺。北海币产生于胶东，逐渐在山东全省流通，山东版北海币的流通范围于 1948 年又从山东扩大到华北和华中解放区。② 随着战争的结束和新中国的成立，北海币逐渐退出了历史舞台。根据地的金融

① 青岛市政协文史资料委员会：《青岛文史资料》（第十三辑），中国文史出版社 2005 年版，第 92 页。

② 青岛市政协文史资料委员会：《青岛文史资料》（第十三辑），中国文史出版社 2005 年版，第 98 页。

机构对北海币进行了回收和销毁工作，以确保金融市场的稳定和货币的统一。

鲁西币的设计和印制工作是在极其艰苦的条件下进行的。由于印刷技术落后，采取了统一领导与分散生产相结合的办法，设立了多个印刷所进行生产。纸币的票面设计多样，包括不同面额、颜色和图案，以适应不同的流通需求。发行的全部鲁西币按版别共分 37 种，其中本币 31 种、本票 1 种、临时流通券 5 种。按面额共分 17 种：4 分、5 分、1 角、2 角、2 角 5 分、5 角、1 元、2 元、5 元、10 元、20 元、25 元、50 元、100 元、200 元、300 元、500 元。鲁西银行也发行了一些带有如鲁西南、泰运、湖西、豫东等地名的鲁西币，但并未实行分区流通，地名仅为不同版别的标志。1946 年鲁西银行并入冀南银行后，鲁西币不再印制发行，并逐步回收，直到 1949 年底兑换回收工作才彻底结束。① 鲁西币的发行始终坚持"根据流通需要发行"和"稳定货币"的方针，确保了纸币的流通稳定和信誉。

（2）金融业务与货币斗争。

对抗伪币的斗争：在抗日战争期间，日军在山东建立了金融控制网络，发行了大量伪币。这些伪币的泛滥给根据地建设、军队供给和人民生活造成了极大困难。为了对抗伪币，北海银行等金融机构采取了多种措施，如提高北海币的信誉、加强货币监管等。同时，根据地政权机构也加强了对抗伪币的宣传和教育工作，提高了民众的防伪意识。

停用法币的斗争：在太平洋战争爆发后，日军将巨额法币倾销到山东抗日根据地，以换取物资。这导致了根据地内物价急剧膨胀，经济受到严重影响。为了稳定根据地的经济，北海银行总行所在的滨海专署发出布告，决定停用法币。同时，中共中央山东分局

---

① 贺传芬、徐建磊：《抗日烽火中的鲁西银行》，载《中国金融》2020 年第 16 期。

也发出指示，要求全体党员和各机关、团体、部队带头执行停用法币的相关规定。停用法币后，北海币成为了根据地内的主要流通货币，有效遏制了法币的泛滥和通货膨胀的现象。

统一货币的斗争：在解放战争期间，山东解放区与其他解放区之间的货币流通存在障碍。为了统一货币，北海银行与其他各解放区的主要银行通力合作，共同致力于全国货币的统一工作。经过努力，山东解放区与华北、西北、华中等解放区实现了货币统一，为解放战争的胜利提供了坚实的金融保障。

3. 革命精神与历史经验的继承与发展

山东红色金融在中国共产党的领导下为新民主主义革命的胜利提供了重要保障，这一过程也铸就了伟大的革命精神与不朽的历史经验，主要有：一是坚持党的领导。山东红色金融在革命战争年代始终坚持党的领导，这是其取得胜利的根本保证。在新时代，金融机构在党的领导下，不断推动金融事业的高质量发展。二是服务人民利益。山东红色金融始终坚持以人民为中心的发展思想，积极为根据地人民提供金融服务，满足人民群众的金融需求。三是艰苦奋斗、自力更生。在革命战争年代，山东红色金融面临着资金匮乏、环境恶劣等困难，但始终坚持艰苦奋斗、自力更生的精神。这一精神在新时代同样具有重要意义，金融机构需要不断克服困难，推动金融创新和业务发展，推动金融强国的建设。

综上所述，山东红色金融研究的内容是基于山东鲜明的地域特征、革命战争的需要、时代价值的传承所形成的，广泛而深刻。做好山东红色金融研究，厘清其内容对新时代培养金融人才、建设金融强国、实现金融高质量发展意义非凡。

二、学习研究山东红色金融的意义

研究山东红色金融的历史和现状，对于深入理解中国共产党在革命战争时期所发挥的重要作用具有重要的意义。山东作为中国革命的重要根据地之一，其红色金融的发展历程不仅反映了中国共产党在经济领域的斗争和建设成就，还展示了中国共产党在金融领域的创新和智慧。学习研究山东红色金融，对于深化党史国史教育、弘扬革命精神、推动金融创新与发展具有重要意义。

第一，有助于深化党史国史教育。山东红色金融是党史国史的重要组成部分，通过学习研究，可以更加全面、深入地了解中国共产党在革命战争时期的金融实践与成就，增强对党的历史认同感和自豪感。

首先，在抗日战争和解放战争时期，山东红色金融为革命战争提供了坚实的经济支撑。例如，北海银行在山东抗日根据地的创建和发展，不仅为根据地经济建设提供了资金支持，还通过发行稳定的货币、开展金融业务等方式，有效遏制了通货膨胀，稳定了根据地经济。这些金融实践充分展示了中国共产党在革命战争年代对金融工作的重视和卓越领导。

其次，在山东党史中，我们可以看到红色金融体系的逐步建立和完善。中国共产党在山东地区领导创建了多家抗日民主政府银行，如北海银行、鲁西银行等，并建立了独立的货币体系和货币制度。这些金融机构和制度为革命战争的胜利奠定了坚实的经济基础。通过学习研究这些红色金融体系，我们可以更深入地了解党的金融实践历程和成就。

最后，山东红色金融在革命战争年代取得了辉煌成就，如北海银行发行的北海币成为根据地内的主要流通货币，有效遏制了伪币和法币的泛滥，稳定了根据地经济。这些成就不仅为革命战争的胜利提供了有力保障，也为新中国成立后金融事业的发展奠定了坚实基础。通过学习研究这些成就，我们可以更加深刻地认识到党的正确领导和红色金融的重要作用。

第二，有助于传承红色基因，弘扬革命精神。山东红色金融在艰苦的革命斗争中孕育出了许多宝贵的革命精神，如艰苦奋斗、勇于创新、无私奉献等。这些精神不仅在当时激励了广大军民投身革命，也为新时代的人们提供了宝贵的精神财富和动力源泉。

首先，坚定信念、艰苦奋斗。在战争年代，山东红色金融机构和广大金融工作者始终坚定共产主义信念，不畏艰难险阻，为革命事业的胜利提供了坚实的经济支撑。

其次，服务人民、无私奉献。山东红色金融机构始终坚持为人民服务的宗旨，把人民的利益放在首位，通过发放贷款、支持农业生产等方式改善民生，赢得了人民群众的广泛赞誉。

最后，勇于创新、开拓进取。山东红色金融机构在革命战争年代不断创新金融产品和服务方式，为根据地经济建设提供了有力的金融支持。这种勇于创新、开拓进取的精神一直激励着后人不断前行。

山东红色金融精神是山东红色文化的重要组成部分，体现了中国共产党领导经济金融工作的优良传统和作风，为新时代的金融创新与发展提供了有益借鉴和启示。

第三，有助于推动金融创新发展。山东红色金融在特殊历史条件下展现出的创造力与适应性，无疑为新时代的金融创新提供了宝贵的借鉴与启示。在艰苦的革命战争年代，山东红色金融不仅成功发行了革命根据地货币（如北海币），有效解决了战争年代货币混乱、经济困顿的问题，还创新性地发行了公债，通过动员社会资金支援革命战争，展现了高超的金融智慧与卓越的组织能力。例如，北海银行在发行北海币时，充分考虑了根据地经济的实际情况，采用了灵活的货币政策，既保障了货币的供应，又有效抑制了通货膨胀，确保了根据地经济的稳定。这种结合实际情况、灵活调整金融政策的做法，为新时代金融在面对复杂经济形势时制定有效策略提供了宝贵的经验。同样，山东红色金融在公债发行上的创新实践，也为新时代金融债券的发行提供了有益的参考。通过宣传动员、设计合理的利率与期限结构，山东红色金融成功吸引了社会各界的广泛参与，为革命战争筹集了大量资金。这一过程中展现出的市场导向思维、公众沟通能力以及金融产品设计能力，对新时代金融机构在债券市场中提升竞争力、优化产品结构具有重要意义。此外，北海银行发行北海币，在支援农业发展、工业生产、军事斗争等方面作出了重要贡献。这对新时代推动金融企业服务下沉、减费让利，实施金融利企惠民工程，开发住房、教育、养老、医疗等民生领域金融产品具有重要启示。要落实降费优惠举措，建立小微企业融资协调工作机制，优化无还本续贷政策，推动普惠信贷扩面增量。深化金融服务机制，做实"金融直达基层加速跑"、民营企业直连服务等金企对接工作，助力解决重点项目融资难题。

通过学习研究山东红色金融的这些创新实践，可以深入挖掘和提炼其中的创新元素，如风险防控机制、客户导向思维、金融产品与服务创新等，为推动我国金融业的持续健康发展提供新的思路和方向。这些创新元素不仅有助于提升金融机构的市场适应能力和竞争力，还能更好地服务实体经济，满足人民群众日益增长的金融需求，为实现经济高质量发展注入新的活力。

第四，有助于激发爱国热情，增强民族凝聚力。山东红色金融的辉煌成就和感人故事，是加强爱国主义教育的生动教材。山东红色金融的感人故事，如曾担任北海银行行长的陈文其不忘初心、一生从事金融工作，展现了革命者在极端困难条件下为了革命事业和人民利益不惜牺牲一切的崇高精神。这些故事能够激发人们的爱国热情，让人们更加深刻地认识到个人命运与国家命运紧密相连，从而使其更加积极地投身到国家建设和社会发展中去；同时，还能增强民族凝聚力，让人们更加团结，共同助力民族复兴伟业的实现。

总之，研究山东红色金融不仅有助于我们深入了解中国共产党在革命战争时期的历史贡献，还能为当前的金融工作提供宝贵的借鉴和启示。通过深入研究和总结山东红色金融的历史经验，我们可以更好地继承和发扬党的光荣传统，为实现中华民族伟大复兴的中国梦、建设金融强国贡献力量。

三、学习研究山东红色金融的方法

北海银行、鲁西银行是山东红色金融的核心机构，应以其为重点，借助多元化的研究方法，深入挖掘、保护和运用好红色金融资源，开展红色金融史脉络梳理和红色金融资源普查调查，建立完善红色金融旧址保护名录，汇集编撰山东红色金融史系列丛书，深化红色文献普及运用。因此，学习研究山东红色金融，需要采取科学、系统的方法，以确保研究的深入性和准确性。

第一，文献研究法。文献研究法是一种重要的研究方法，主要通过广泛搜集和整理相关文献资料获取所需的信息和知识。在研究山东红色金融的过程中，文献研究法显得尤为重要。具体来说，这种方法涉及对山东红色金融相关的历史档案、回忆录、研究著作等多种文献资料的广泛搜集和整理。通过对这些文献资料的深入研读和分析，研究者可以全面了解山东红色金融的历史背景、发展脉络以及其主要成就。

第二，实地调查法。实地调查法是一种非常有效的方法，通过深入山东红色金融的发源地、旧址和纪念馆等地进行实地调查，通过现场观察、访谈当事人或知情人士等方式，获取第一手资料，加深对山东红色金融的理解和认识。通过这种方法，我们可以更深入把握历史事件概览及细节，增强对历史的敬畏，从而更好地传承和发扬红色金融的精神。

第三，比较研究法。比较研究法是指根据一定的标准，对两个或两个以上有联系的事物进行考察，寻找其异同，探求普遍规律与特殊规律的方法。本书将山东红色金融与其他地区红色金融的发展历程、主要特点、具体实践等方面进行了比较分析。通过这种横向和纵向的比较，我们可以揭示山东红色金融与其他地区红色金融的异同点，并探寻山东红色金融的独特优势。

第四，跨学科研究法。山东红色金融涉及历史、经济、金融、政治等多个领域，需要运用跨学科的研究方法进行综合分析。通过引入历史学、经济学、金融学、政治学等相关学科的理论和方法，可以更加全面、深入地揭示山东红色金融的内在规律和特点。

习近平总书记提出"推动金融高质量发展、建设金融强国，要坚持法治和德治相结合，大力弘扬中华优秀传统文化，积极培育中国特色金融文化"。[①] 因此要学习和研究山东红色金融，深入理解革命先辈在金融领域的创新与实践，汲取他们在艰苦环境下坚守信念、勇于开拓的精神力量，坚定中国特色金融文化自信，坚定推进金融高质量发展与金融强国建设，积极贯彻落实习近平经济思想、文化思想，为实现中华民族伟大复兴接续奋斗。

思考题

1. 怎样理解山东红色金融研究的对象与内容？
2. 如何认知学习研究山东红色金融的历史意义？
3. 学习研究山东红色金融应坚持什么样的科学方法？

[①]　中共中央党史和文献研究院：《习近平关于金融工作论述摘编》，中央文献出版社 2024 年版，第 17 页。

第一章　山东抗日根据地红色金融业的创建与发展

　　抗日战争是神圣的民族解放战争。卢沟桥事变的爆发标志着中国的抗日战争进入全民族抗战阶段，世界反法西斯战争的东方主战场得以开辟。以国共第二次合作为基础的抗日民族统一战线正式形成。在艰苦的抗战中，共产党领导抗日军民在山东开展游击战争，建立抗日民主政权，开辟抗日根据地。为应对严峻的金融形势，在中国共产党扩大的六届六中全会上，毛泽东指示各根据地建立自己的银行，独立自主地满足根据地的财政需要。随后，各根据地积极落实党的六届六中全会指示精神，兴办银行，发行货币。中国共产党领导抗日军民创立的革命政权在抗日根据地创建银行、发行货币和服务民生等方面积累了丰富的金融工作经验，为发展新民主主义经济注入了活力，成为中国共产党领导的红色金融事业的宝贵财富。新民主主义红色金融事业在打破敌人经济封锁、发展根据地经济、保障根据地供给、改善根据地民生、支援革命斗争中发挥了非常重要的作用，是抗战时期建立抗日民族统一战线的重要支点，为新民主主义革命的全面胜利奠定了基础。①

---

① 李婧、姜雪晴：《从"工"字银元到边币：红色货币的崛起及对新时代经济安全的意义》，载《社会科学战线》2023 年第 6 期。

一、山东抗日根据地的创建历程

山东抗日根据地的创建历程分为根据地初步创建、根据地发展、根据地继续发展、根据地全面发展等几个阶段。在中共山东省委的领导下，山东人民发动了抗日武装起义，初步创建起抗日根据地。在八路军主力部队进入山东后，山东抗日根据地得到了发展。根据地的发展是与根据地的建设分不开的。根据地的初步建设促进了根据地的继续发展，根据地建设的新阶段就是根据地全面发展的时期。

（一）山东抗日根据地的历史概况

卢沟桥事变发生的第二天，中国共产党即向全国发出通电，号召同胞们团结起来，筑成抗日民族统一战线的坚固长城。[1] 1937年8月，为了动员全党、全军、全国人民实行全面抗战，中共中央在陕北洛川召开了政治局扩大会议，通过了《中国共产党抗日救国十大纲领》（以下简称《抗日救国十大纲领》），强调要打倒日本帝国主义，关键在于将已经发动的抗战发展成为全民族的抗战。会议强调，必须坚持统一战线中的无产阶级领导权，在敌人后方放手发动群众，开展独立自主的游击战争，配合正面战场，开辟敌后战场，建立抗日民主政权和抗日根据地，为人民群众争得更多的政治经济权利，动员全国人民参加抗战。[2] 洛川会议通过的《抗日救国十大纲领》是中国共产党全面抗战路线的具体化。抗日战争时期，党领导建立了陕甘宁、晋察冀、晋绥、晋冀鲁豫、山东、华中、华南等

---

① 本书编写组：《中国近现代史纲要》，高等教育出版社2023年版，第144页。
② 阚和庆、张浩：《论中国共产党在全民抗战中的中流砥柱作用》，载《党史博采》2015年第9期。

19 个抗日根据地。① 中国共产党领导抗日军民建立起来的抗日民主根据地是认真贯彻和执行全面抗战路线、争取全民族抗战最后胜利的坚强阵地。②

　　根据中共中央和毛泽东关于"整个华北工作应以游击战争为唯一方向"③ 的指示，八路军不惧国民党的限制和阻挠，在华北地区迅速开展了游击战争，陆续建立了四大块抗日根据地，其中之一就是山东抗日根据地。在山东的中国共产党组织先后建立了鲁中南、胶东、鲁西北根据地，后来发展成为包括山东大部分与河北、江苏一小部分的山东抗日根据地。

　　1937 年 10 月，日军侵入山东。根据中共中央关于"迅速动员组织人民，建立统一战线，积极开展游击战争，建立根据地，独立自主地坚持山东抗战"④ 的指示，中共山东省委自 11 月到翌年夏，先后在山东多地发动武装起义，开展游击战争，驱逐日伪军，摧毁伪政权，建立抗日民主政权。

　　1938 年 9 月，八路军第一一五师政治部副主任兼第三四三旅政治委员萧华率部创建冀鲁边抗日根据地，之后湖西、鲁西、泰西、鲁南抗日根据地相继开辟、扩大和巩固。⑤ 到 1940 年底，中共中央山东分局领导的抗日根据地包括冀鲁边、鲁西、胶东、清河、鲁中、鲁南等地区，面积达到 6.3 万平方公里，拥有人口 1200 万，建立了 1 个行政主任公署、14 个专员公署、95 个县抗日民主政府。⑥ 第一一五师、山东纵队及地方武装发展到 12 万余人。1941年 4 月 1 日，山东分局将全省的行政区域进行了重新划分并划分为

---

　　① 况昕、刘锡良：《红色金融"是什么""为什么行"的三重逻辑》，载《财经科学》2022 年第 10 期。
　　② 祝宝钟：《用延安精神滋养初心》，载《中华魂》2021 年第 4 期。
　　③ 《毛泽东文集》（第二卷），人民出版社 1993 年版，第 23 页。
　　④ 宁可：《中华五千年纪事本末》，人民出版社 1996 年版，第 963 页。
　　⑤⑥ 中国金融思想政治工作研究会：《中国红色金融史》，中国财政经济出版社 2021 年版，第 325 页。

六个行政区，即胶东区、清河区、鲁中区、鲁南区、鲁西区和冀鲁边区，行政区下面是专区；7月，鲁西区并入冀鲁豫区。[①]

1941年和1942年，日、伪军展开"治安强化运动"，对根据地频繁疯狂地"扫荡"和"蚕食"，加上同期的国民党顽固派掀起第二次反共高潮，致使山东根据地在敌伪顽三股反动势力的夹击下遭到严重破坏。很多地区被分割成小块的根据地或游击区，与敌伪形成犬牙交错的战斗布局。1943年，八路军山东军区部队广泛开展群众性游击战争和政治攻势，对抗日伪军的"总力战"，坚守和巩固根据地。

从1944年开始，山东军区部队连续发起对日伪军的局部反攻，不断扩大解放区地域。1945年8月，山东军区部队分五路向日伪军展开大反攻，歼敌六万余人，对日战争取得决定性胜利。到日本帝国主义宣布无条件投降时，山东抗日根据地已发展到12.5万平方公里，管辖2800万人。与此同时，山东省战时行政委员会改为山东省政府，下辖胶东、渤海、鲁中、滨海、鲁南5个行政主任公署、22个专员公署、127个县。[②] 八路军山东部队已成为拥有27万余人的强大武装力量。

（二）中共山东党组织领导下的抗日武装起义

山东的抗日根据地是在中国共产党的领导下发动武装起义、建立抗日民主政权的基础上建立起来的。中共山东党组织领导了一系列的抗日武装起义。

1935年冬天，山东党组织在与党中央和北方局失去联系长达两年半以后又重新取得了联系。1936年5月，中共山东省委恢复重

---

① 中国金融思想政治工作研究会：《中国红色金融史》，中国财政经济出版社2021年版，第325页。

② 中国金融思想政治工作研究会：《中国红色金融史》，中国财政经济出版社2021年版，第326页。

建。从此以后，山东各地的党组织逐步恢复、建立与发展。直至全民族抗战爆发之前，省委将恢复和建立各地党组织作为突出任务来抓。经过一年多的艰苦工作，许多分散各地的共产党员恢复了组织关系，许多遭到破坏的党组织得以重建，并且党的队伍得到了新的发展。到全民族抗战爆发，山东全省的共产党员已达到2000余人。他们是抗日的先锋、联系群众的纽带。在全民族抗战新的历史时期，中共山东省委和各地党组织领导山东人民奋起抗战，发动了一系列的抗日武装起义，成为坚强的战斗堡垒和领导核心，为建立革命武装和敌后抗日根据地提供了坚实的组织保证。下面我们分别来看山东各地的抗日武装起义。

1937年底，中共山东省委领导建立鲁北特委。① 鲁北特委建立后，抓紧建立各县党组织，加强了对救国军的领导。救国军一部进驻乐陵县城，建立了冀鲁边区第一个抗日民主县政府。这时，边区各县土匪、民团、会门武装乘乱而起，伪军和伪组织纷纷建立。他们各据一方，相互争夺，同时也与党领导的救国军争人争枪争地盘。救国军被限制在以盐山县旧县镇为中心的狭小地区，部队的给养发生困难，活动受限，军事上陷于被动。为摆脱困境，鲁北特委召开扩大会议，决定采取"大踏步前进、大踏步后退"的方针，开展灵活机动的游击战并建立根据地。1937年12月下旬，中共领导下的第三十一游击支队在盐山县境内与日军开战。这是冀鲁边区抗日武装同日军的第一次交锋。1938年1月底，三十一支队攻克盐山县城，建立抗日民主政权。此后，无棣、乐陵、庆云相继被攻下并建立起抗日民主政权。

1933年3月，中共胶东特委成立。② 到1937年底，中共胶东特委属于山东省委恢复和重建的三个特委之一。1937年12月15

①② 中共山东省委党史研究室：《中共山东编年史》（第二卷），山东人民出版社2015年版，第457页。

日，中共胶东特委传达省委关于发动武装起义的指示，决定于12月24日在文登、荣威、威海边区之天福山举行起义。经过几天准备，起义如期举行，以昆嵛山游击队为基础，编为"山东人民抗日救国军第三军第一大队"（简称三军一大队）。[①] 三军的成立，揭开了胶东人民武装抗日的序幕。12月底，胶东特委领导下的一大队又在威海成功发动了抗日武装起义。随后，胶东各县的抗日武装相继建立。

1937年12月26日，"山东人民抗日救国军第五军"在黑铁山宣布成立。[②] 他们活跃于章丘、长山、桓台、临淄、邹平、淄川、博山一带，从1938年初开始，袭击日伪军多次，抗日武装不断壮大。

鲁东的抗日武装起义是以党的组织基础较强的寿光、潍县为中心发动起来的。早在1937年8月，山东省委即派杨涤生同志到寿光，传达省委的指示，以党的支部为核心组织游击小组。8~9月，鲁东各县"民先"积极发展组织，开展抗日宣传，创造条件建立抗日武装。10月下旬，中共山东省委宣传部长林浩从泰安来到博山召开会议，传达了省委的指示，宣布成立鲁东工委。会上传达了省委关于分区发动武装起义的计划，确定鲁东工委负责以益都为中心的寿光、潍县、昌邑、广饶、博兴、临淄、淄川、博山、临朐等县的工作，中心任务是抓紧恢复和发展各县党组织，全力发动抗日武装起义。1938年初，鲁东工委发动了牛头镇起义、蔡家栏子起义等，抗日武装取得了三里庄伏击战的胜利。

鲁东南，也就是后来的滨海区，位于胶济路以南，陇海路东段以北，西临沂河和台儿庄至潍县公路，东临黄海。抗战初期党在这

---

① 中共山东省委党史研究室：《中共山东编年史》（第二卷），山东人民出版社2015年版，第470页。

② 中共山东省委党史研究室：《中共山东编年史》（第二卷），山东人民出版社2015年版，第475页。

个地区领导的抗日武装主要有谢辉和杨景田、杨文田兄弟在莒县、兰陵拉起的队伍及莒县、沂水两县的起义队伍两支，后来分别合并为山东人民抗日游击第四支队第三团和第四支队第六大队。

在泰西地区抗日武装起义正式发动之前，这个地区的抗日救亡运动已有相当基础。1937年10月，共产党人成立长清县人民抗敌后援会，并以民先队员和抗敌后援会宣传队为骨干，在坦山建立了一支几十人的抗日游击队，这支队伍于1938年2月4日改名为山东抗日军。1938年1月1日，省委派出共产党员张北华、远静沧到泰西发动抗日武装斗争，他们与当地共产党员崔子明等一起，在泰安西南夏张镇举行抗日武装起义。11日，共产党员王仲范、张魁三、张韶三等在泰安九区和肥城三区建立的游击队，与共产党员李文甫、徐麟村和肥城进步人士葛阳斋组织的游击队30余人，在肥城县空杏寺与夏张镇起义武装会合，正式成立"山东西区人民抗敌自卫团"。①

1937年10月，山东省委确定以徂徕山为集结点，由省委直接领导鲁中地区开展抗日武装斗争。10月中旬，省委机关陆续从济南转移到泰安。10月22日，黎玉在泰安文庙召开由省委机关干部、泰安县委负责人和党中央派来的红军干部参加的会议，部署发展党组织、筹集枪支、动员群众、建立抗日武装等工作。12月27日，省委在泰安县城南篦子店召开紧急会议，讨论起义的时间、部队番号等具体问题，并决定以徂徕山为集结地。1938年1月1日，黎玉宣布起义正式开始并成立"八路军山东抗日游击第四支队"。②

1938年5月21日，苏鲁豫皖边区特委在墓山附近老古泉召开会议，决定举行鲁南人民抗日武装起义，将沛县、滕县、峄县三县抗日武装合编为"苏鲁人民抗日义勇总队"；6月，为与鲁西南的

① 申春生：《山东抗日根据地史》，山东大学出版社1993年版，第29页。
② 申春生：《山东抗日根据地史》，山东大学出版社1993年版，第31页。

第二总队相区别，改称"苏鲁人民抗日义勇队第一总队"，① 总部设在滕县南塘。另外，临郯青年抗日义勇队、临郯费峄四县边区联庄会武装和鲁南民众抗敌自卫军也是中共山东省委和苏鲁豫皖边区特委领导下的人民抗日武装。

苏鲁豫边区（鲁西南地区）的抗日武装，是在中共山东省委和苏鲁豫皖边区特委的共同领导下建立起来的。1937 年 10 月，山东省委决定成立鲁西南工委。② 1938 年 2 月，单县县委在张寨抗日骨干训练班的基础上建立了抗日自卫团，这是鲁西南第一支抗日武装。1938 年 5 月，鲁西南工委改称鲁西南特委，负责领导济宁、金乡、鱼台、单县、成武、曹县、定陶、郓城、菏泽、巨野等县的工作。丰县、沛县、永城、砀山、萧县、宿县、铜山等县由苏鲁豫皖边区特委领导。12 月，在省委的领导下，邹县西南的共产党人建立起一支约 200 人的抗日武装，这是当时鲁西南地区建立较早的队伍之一。3 月，郓城中心县委在郑集举办三期抗日救国训练班，训练青年百余人。4 月，鱼台县成立抗日自卫大队。徐州失守后，沛县、砀山、萧县、永城也都纷纷建立抗日武装。1938 年 6 月，丰县、沛县、砀山、单县的部分抗日武装成立"苏鲁人民抗日义勇队第二总队"，③ 后在苏鲁豫边区特委和鲁西南边区特委的努力下，将周围各县的武装进行整编入义勇队第二总队。第二总队后来陆续编至 23 个大队。

1937 年夏初，中共山东省委根据工作需要，决定将鲁西北特委分建为两个特委。临清、聊城、冠县、堂邑、莘县、馆陶、邱县、博平、茌平、东阿、清平等县，属鲁西北特委。阳谷、寿张、范县、濮县、观城、朝城等县属鲁西特委。④ 在与范筑先的合作下，

---

① 申春生：《山东抗日根据地史》，山东大学出版社 1993 年版，第 35 页。
② 申春生：《山东抗日根据地史》，山东大学出版社 1993 年版，第 36 页。
③④ 申春生：《山东抗日根据地史》，山东大学出版社 1993 年版，第 37 页。

鲁西北地区的党组织和党领导下的抗日武装都得到了迅速发展，在鲁西北平原开展游击战争。

综观全面抗战初期山东人民的抗日武装起义，在短短半年多的时间内，从胶东半岛到鲁西平原，从冀鲁边区到苏鲁豫边区，大大小小不下几十起，如火如荼，风起云涌，势不可当，在党的正确领导下都获得了成功。

上述起义具有以下鲜明特点：

第一，起义是在山东省委的坚强领导下举行的。山东省委重新建立仅一年多的时间，面临多重困难，本身缺乏领导武装斗争的经验，全省党员为数不多，各地党组织尚未完全恢复，上级仅派来少数军政干部，山东境内尚无八路军主力部队。尽管存在诸多困难，但是在党的正确领导下各地的起义都获得了成功。在外敌入侵、国民党地方政府和军队纷纷撤逃的危难时刻，山东党组织不畏强暴和艰险，勇敢地肩负起领导人民争取民族解放的历史重任，表现出坚定不移的革命性和英勇顽强的斗争精神。

第二，起义把握有利时机，计划周密，准备充分，行动迅速，实际上是个拉队伍的过程。各地以党组织为核心，以共产党员、民先队员为骨干，进行串联发动，准备时间相对较长，起义时一呼百应，时间却相对很短，而且起义时大都兵不血刃，起义后则展开抗日武装斗争。

第三，发动抗日武装起义中组织起来的人民军队，从成立之日起就有严格的组织纪律和严密的政治工作制度，并且在党的绝对领导之下，同人民群众有血肉联系。

第四，起义过程中正确执行党的抗日民族统一战线政策，争取一切可以争取的力量，发展壮大自己的队伍。

第五，起义点多面广，覆盖面大，为掌握全山东打下了初步基础。过去，人们总是习惯地称这些起义为"徂徕山起义""黑铁山起义""天福山起义""牛头镇起义"……其实，这些地名仅仅是某一地区发动抗日武装起义的一个中心或基点，实际上在每一个中心或基点的周围都星罗棋布着不少小点，各地都是先在这些小点上组织起一支支规模不大的队伍，然后再逐渐向中心或基点汇集，从而凝聚成一支支钢铁巨流，奏出了抗日英雄乐章。

山东各地的抗日武装起义，是山东党组织领导下的山东人民的空前壮举，不仅为山东抗日根据地的创建举行了奠基礼，而且在共产党领导山东人民进行革命斗争的历史上开创了一个新时代。以此为新起点，从无到有，由小到大，党在山东创建了革命军队、革命政权和革命根据地。

（三）山东抗日根据地的初步创建

全面抗战爆发后，面对中华民族的敌人大军压境的危难时局，统治山东的国民党山东省政府主席韩复榘持消极观望和游移不定的态度，企图保存实力，拥兵自重，无抗战决心，致使山东战局急转直下，危在旦夕。1937 年 12 月 18 日，日本参谋本部下达进行"山东作战"的"大陆 34 号令"，命第二军攻占济南，12 月 23 日晚 8 时许，日军分两路开始渡（黄）河，第十师团于 25 日占领章丘龙山，26 日占领济南；本川旅团于 25 日占领周村，30 日占领博山。[1] 日军迅速增加在山东的兵力，将第五师团和中国驻屯混成旅团的一部配属第二军，本川旅团由博山南进占领蒙阴、新泰等地。

济南失守后，日军沿津浦、胶济两铁路南侵东犯。第十师团于 1938 年 1 月 1 日攻占肥城、泰安，4 日攻占兖州、曲阜，6 日攻占邹县，11 日攻占济宁；第五师团集结于周村，10 日占领潍县，19 日进占青岛，而在此之前，日本海军陆战队已于 10 日抢先占领青岛港。

济南、青岛这两座山东最大的城市都是国民党守军不战而失

---

① 申春生：《山东抗日根据地史》，山东大学出版社 1993 年版，第 8 页。

的。日军尚未渡河，韩复榘即下令第三集团军和山东省政府经泰安、济宁向鲁西南和豫东撤逃；时任国民党青岛陆海军总指挥的沈鸿烈在日本海军占领青岛港前 10 天，下令炸毁青岛日本工厂和港口设施，率海军陆战队向沂水、莒县方向撤逃。由于韩复榘等消极抗战，到 1938 年 1 月，山东大部分沦陷。1 月 11 日，蒋介石趁召开北方抗日将领会议之机，诱捕韩复榘于开封。1 月 24 日，韩复榘因"违抗命令、擅自撤退"的罪名在武汉被处决。

抗战中，在国民党领导的正面战场上也有广大爱国官兵为了民族大义奋勇作战，给日军以沉重打击。韩复榘被处决后，孙桐萱代理第三集团军总司令，孙桐萱曾率部反攻，并一度攻克济宁、汶上两座县城，从而使日军南进受阻，为国民党军队部署徐州会战争取了时间。而国民党正面战场台儿庄战役的胜利和整个徐州会战，吸引和抗击了日军在山东的大部分主力。毋庸讳言，这为中国共产党领导山东人民开展抗日武装起义、建立山东抗日根据地在客观上创造了一个比较有利的环境。

为创建山东抗日根据地，尚在山东人民的抗日武装起义方兴未艾之际，党中央于 1938 年 1 月 15 日指示山东省委："目前省委工作的布置，应注意即使山东完全变为日寇占领区域，还能使我们的党坚持在山东，发动群众，组织游击战争，保存党的力量，坚持与日寇进行长期的斗争"。[1] 为此，就必须"以发动游击战争与建立游击区的根据地为中心"，树立进行长期艰苦斗争的思想。关于山东省委及其领导下的四支队的活动方向，党中央明确指示："省委工作的中心应当放在鲁中区，开始依靠新泰、莱芜、泰安、邹县的工作基础，努力向东发展，尤以莒县、蒙阴等广大地区为重心。"[2]

---

① 申春生：《山东抗日根据地史》，山东大学出版社 1993 年版，第 56 页。

② 孙继业：《烽火沂蒙山》，载《春秋》2023 年第 6 期。

1938 年 2 月底，中共山东省委在新泰刘杜召开会议，分析了山东当时的抗战形势和以后的抗战任务。[1] 会议认为必须积极恢复、健全和发展各地党组织，深入宣传、发动和组织群众，扩大和巩固抗日武装并提高其战斗力。会议决定派省委书记黎玉赴延安向党中央汇报山东工作，请求党中央派干部来山东，以便加强领导。黎玉离开山东期间，由林浩代理省委书记和四支队政委。同时还决定，四支队兵分两路进行活动，以扩大影响、壮大队伍和创建根据地。北路由一、三、四中队组成，编为第一大队，南路由二、五中队组成，编为第二大队。一大队与清河的抗日武装建立联系，二大队向费县、蒙阴等地发展。

1938 年 3 月下旬，黎玉从万寿宫启程赴延安。临行前一天，黎玉召开二大队排以上干部会，指示南路部队应尽早与北路部队会合，依托徂徕山、莲花山和泰安、莱芜、章丘、历城四县边界山区向沂蒙山区发展，建立沂蒙根据地。

1938 年 4 月下旬，省委在磁窑坞召开会议，决定成立由八路军山东人民抗日游击队第四支队司令员洪涛任指挥、林浩任政委、廖容标任副指挥的南下临时指挥部，率部队南下莱芜，建立以莱芜为中心的泰山区根据地。5 月份，以泰山区为中心的鲁中第一块根据地创建起来。

1938 年 9 月，党领导的胶东抗日武装实现了统一编制、统一指挥，并在蓬莱、黄县、掖县地区建立了蓬黄掖根据地。

中国共产党领导的人民军队是创建根据地的主要力量。山东人民的抗日武装分散活动于山东各地，在发动群众、开展敌后游击战争的过程中，建立了若干活动基点，并以这些基点作为前进的出发阵地，初步开辟了近十个游击根据地。要使这些游击根据地不断壮

---

[1] 中共山东省委党史研究室：《中共山东编年史》（第二卷），山东人民出版社 2015 年版，第 516 页。

大，并发展成为完整统一的山东抗日根据地，就必须大力发展抗日武装，在组织领导和军事指挥上实现完全统一。

山东在战略上是联系华北、华中的枢纽。为进一步发展山东游击战争、建立山东抗日根据地并向南策应华中新四军，在山东组建一支统一编制、统一指挥的游击兵团的任务已势在必行、刻不容缓。为此，毛泽东、张闻天、刘少奇于1938年9月7日电示中共苏鲁豫皖边区省委书记郭洪涛在山东建立大块抗日根据地的条件已经基本具备。在党的六届六中全会作出的"巩固华北、发展华中"的战略思想的指导下，12月3日，毛泽东、王稼祥指示郭洪涛，同意由山东派游击队去苏北开展抗日游击战争，于是才有陇海南进游击支队的建立。为了在组织上和军事上更有利于贯彻执行党中央巩固华北、发展华中的战略方针，党中央决定，将苏鲁豫皖边区省委改为中共中央山东分局，成立八路军山东纵队。[①]

1938年12月27日，八路军山东纵队在沂水县悦庄正式宣告成立，全军约24500人。[②] 山东纵队统一指挥除冀鲁边和鲁西北的抗日武装之外的所有山东我党领导的抗日武装。八路军山东纵队的建立是一个具有历史性意义的事件。它标志着山东人民的抗日武装斗争进入一个新的阶段，也标志着山东人民的抗日武装起义队伍已由分散走向统一、由游击队发展成为游击兵团。这对后来与一一五师主力部队协同配合、共同发展山东抗日根据地具有重大意义。

山东纵队成立后，很快建立起纵队领导机关和小型兵工厂、被服厂、医院等后勤设施，并开办了参谋、通信、卫生等专门人员训练班。1939年2~5月，根据八路军总部的整训命令，山东纵队所属部队开展了以整编和部队建设为中心的第一期整军，从有利于部

① 史晓玲：《抗战时期中共在山东抗日根据地的媒体形象塑造——以〈大众日报〉为中心》，载《山东社会科学》2018年第8期。

② 中共山东省委党史研究室：《中共山东编年史》（第二卷），山东人民出版社2015年版，第517页。

队的巩固和正规化建设出发，调整了部队编制。一期整军后，山东纵队的政治、军事素质和战斗力进一步提高。

在组建和成立山东纵队的同时，1938 年 12 月，苏鲁豫皖边区省委也召开了活动分子会议，对山东根据地的建设问题进行了集中研究。中共山东省委也于同期改称中共中央山东分局。

（四）山东抗日根据地的发展

八路军主力部队入鲁，山东抗日根据地得以发展。

1938 年初，党中央对冀鲁两省平原游击战争的初步发展高度重视，并对山东、河北两省大量发展游击战争和建立根据地寄予很高的期望。派八路军主力部队开赴上述两省，已在党中央的计划之中。

一一五师挺进鲁西平原。1938 年 9 月，一一五师三四三旅政委萧华率领旅机关干部百余人到达乐陵，将冀鲁边区所有抗日武装统一整编为"八路军东进抗日挺进纵队"。挺进纵队机关和主力转移鲁西，成为第一批进入山东的主力部队。1938 年冬，以乐陵、宁津为中心的冀鲁边平原抗日根据地初步形成。1938 年 12 月份，第二批主力部队进入山东，这支部队就是一一五师三四三旅六八五团。1939 年 3 月，一一五师三四三旅六八六团由晋西东进入山东。3 月 7 日，一一五师过运河进入泰西地区。3 月 10 日，罗荣桓率领一一五师主力部队抵达山东东平。在一一五师的努力下，鲁西的抗战局面发展很快。5 月，共有三个县委和一个县工委在鲁西地区建立起来。8 月下旬，罗荣桓出席鲁西区党委会议，强调了发动群众的重要性。会后，群众破路和改造地形的斗争先是在该地区部分县开展起来，后发展到整个区。

一一五师在鲁南。早在 1939 年 4 月 26 日，罗荣桓就在泰西古城召开的师干部会上介绍了鲁南的基本情况，并指出了鲁南今后的形势和我军的任务。5 月，师直属队一部及原冀鲁边区东进抗日挺进纵队第六支队第七团由鲁西先后进入泰安、泗水、宁阳三县边区，接着向费县西北地区发展，击溃日军两次进犯，收复费西北重地仲村，乘胜开辟费西北地区工作，将改编和新建游击大队编入七团，发展为津浦路东支队。根据毛泽东指示，一一五师师部、六八六团和萧华纵队一部开赴鲁南，以巩固鲁南根据地。

一一五师向滨海南部发展。郯城、马头地处平原沃土，农产丰富，位于滨海南部沂河、沭河之间，南隔陇海路与苏北相望，北与滨海腹地相连，是抱犊崮山区东南方向的重要外围阵地。1939年冬，一一五师主力部队挺进郯马平原，与山纵陇海南进游击支队一部协同配合，攻克临沂至郯城公路上的李家庄伪军据点，接着又打垮地方顽固势力，于11月18日攻占马头镇。同时还以苏鲁支队一部进抵郯城、邳县边界地区，从而攻克并控制了郯马平原地区。为巩固该区，一一五师令湖西的苏鲁豫支队第四大队向鲁南开进，于1940年1月攻克郯城，并成立抗日县政府。① 7月21日，我军在沂河与沭河之间进行了反击顽军梁仲亭部战役，然后向东跨过沭河，向滨海地区发展，进至赣榆以西地区，开辟了临、郯、赣三县之间的广大新区，打开了从鲁南向滨海区发展的通道。一一五师向滨海南部的进军，与山纵二支队在滨海北部的发展成对进之势，对开辟滨海根据地有重要意义。

1940年2月14日，一一五师调集六八六团、特务团和苏鲁支队开始向北发展，消灭了盘踞于费西重镇白彦的汉奸孙鹤龄部，摧毁白彦及其周围据点，控制该地区，将费滕公路拦腰切断，此后的3月7日、12日和19日，驻城后、平邑、梁邱等地的日军连续三次进犯白彦，与我军展开激烈的争夺战。在持续14个昼夜的白彦争夺战中，我军共歼敌800余人，缴枪350余支。② 这一重大胜利，

---

① 申春生：《山东抗日根据地史》，山东大学出版社1993年版，第74页。

② 申春生：《山东抗日根据地史》，山东大学出版社1993年版，第75页。

对开辟和发展鲁南根据地有重要意义。此后，从 4 月 14 日开始，在约一个月的时间内，我军又粉碎了来自邹县、滕县、枣庄、峄县、临沂、费县等地 8000 余敌人对抱犊崮山区的大"扫荡"，从而使自己站稳了脚跟。为创建鲁南北部天宝山区根据地，一一五师主力和地方武装数次击溃惯匪汉奸刘桂棠配合日军对费北、费南地区的进犯。7 月中旬，一一五师师部和鲁南党的领导机关进驻天宝山区桃峪、巩家山、响水汪、油篓等地后，组织军队和地方干部 350 余人分赴费南 7 个区开展工作，进一步巩固了天宝山区。

继开辟费县天宝山区之后，一一五师于 8 月挺进邹东，在昌里、凤凰山等地打退敌伪及顽军申从周部 4000 余人的联合进攻，俘伪百余，后在肖山又歼灭日军一部；9 月，又在瓦丘伏击日军获胜，从而开辟了津浦路东邹滕曲泗边广大地区。在一一五师的直接支持和大力协助下，鲁南根据地各方面的工作都有很大进展。山东抗日根据地成为联系华北、华中两大块最大、最重要根据地的纽带，具有重要的战略意义，发挥了重要的战略作用。

二、山东抗日根据地的经济建设

中国共产党根据抗日战争形势发展的需要，适时调整了抗日根据地的经济政策，制定了与抗日民族统一战线相适应的各项政策。在中国共产党统一领导下，各抗日根据地都形成了战略区，通过建立人民武装和人民民主抗日政权，统筹自己的军事、政治和经济力量。为适应军事斗争和经济发展的需要，各抗日根据地发展起自己的金融事业，进行了有关的金融活动，实行低利借贷，正确处理法币流通问题，在货币金融战场组成抗日民族统一战线，联合法币同日伪货币作斗争，促进了抗日根据地货币金融事业的发展。

为支援抗战，中国共产党领导西北、华北、华东的多数根据地成立银行或其他金融机构并发行自己的货币。在八路军开辟的根据地发行的货币，一般统称为边币；在新四军开辟的根据地发行的货币，一般统称为抗币。[①] 抗日根据地货币由抗日民主政权提供保证发行，属于信用货币，立法确立其本位币地位，建立货币发行准备制度，控制发行总量，银行或其他金融机构负责印制、发行和组织流通。各个根据地发行货币总计约有 145 种名称、25 种面额、版别多达 636 种。[②] 抗日根据地地处敌后农村，主要面向农村地区发放贷款，支持农业、渔业、盐业及副业的恢复和发展；支持纺织、农具制造等手工业的发展；扶持各种工业、商业、牧业以及合作事业的发展。

全面抗战时期的山东抗日根据地，财政经济工作比陕甘宁、晋察冀等地区起步晚，但发展迅速。山东抗日根据地坚持独立自主、自力更生，贯彻"发展经济，保障供给"的总方针，实行减租减息，调动各阶层群众抗日积极性，开展大生产运动，巩固和壮大根据地经济；建立根据地自己的银行，打造独立自主的金融体系，充分发挥银行在战时财经工作中的重要作用，自主掌控经济命脉，支持军工产业、工农商业，开展货币斗争、贸易斗争，破坏侵华日军物资供应。到抗战胜利前夕，根据地共有 88 个工厂、3000 万元资金。随着公营企业的发展，产品质量明显提高，品种不断增加，活跃了根据地市场，增强了与外来商品的竞争力。由于经济措施得当有力，根据地财政收入明显增加，1944 年高达 16 亿元，为顺利开展战略反攻、夺取抗日战争的最后胜利奠定了坚实的物质基础。

---

① 纪崴：《抗日根据地的货币斗争》，载《中国金融》2021 年第 5 期。

② 中国金融思想政治工作研究会：《中国红色金融史》，中国财政经济出版社 2021 年版，第 246 页。

（一）建立管控财经工作的组织体系

1940 年 3 月，为加强根据地对财政经济工作的领导，中共中央山东分局成立了财政经济委员会。随后，地委以上的各级党委也都建立了相应的财委机构与制度，自上而下的财经管理体系初步形成。1940 年底，根据地陆续颁发了有关财政经济工作的多项法规、条例，各地抗日民主政权、部队与群众团体的财政收支，逐渐由各地统一管理发展到由山东省战时工作推行委员会财政处及地方财政科统一管理。税收逐步成为财政收入的主要来源。

救国公粮是抗日民主政权向农户征收的一种农业税。山东抗日革命根据地人民群众缴纳的救国公粮平均占总产量的 14% ~ 15%。1939 年 8 月，山东分局统一了财产所得累进税制度。累进税率按阶级划分，原则上"中农、贫农不超过所得的 5%，富农不超过 10%，小地主是 20%，中地主 30%，大地主 35%"。[1] 一些部队的财粮供给开始由抗日民主政权统一筹募，改变了以往随地募捐、摊派的办法。

山东省税收在财政收入中所占比例逐年提高，1940 年占财政收入的 9%，1941 年占 19%，1942 年占财政收入的 41%。[2] 税收逐步成为财政收入的主要来源。

（二）开展减租减息和大生产运动

将土地革命战争时期没收地主土地的政策改为减租减息政策，是党从全民族抗战统一战线大局出发作出的重要决策。1942 年 5 月 4 日，山东分局作出减租减息增资运动的决定后，整个山东抗日根

---

[1] 刘克祥：《中国近代经济史（1937－1949）》（下册一），人民出版社 2021 年版，第 3425 页。

[2] 中国金融思想政治工作研究会：《中国红色金融史》，中国财政经济出版社 2021 年版，第 327 页。

据地的运动全面开展起来。到 1944 年底，全山东抗日根据地大概有 1.47 万个村庄进行减租减息增资，约占全部村庄的 63%。农村阶级结构发生了很大变化，地主的户数和土地减少了，中农的户数和土地大为增加，雇农的户数大为减少。减租减息斗争取得了很好的效果，群众的抗日和生产积极性大大提升。

在中共中央的指示下，1943 年 10 月起各根据地的大生产运动轰轰烈烈开展起来。在大生产运动中，山东抗日根据地制定了以开荒和种养为主、以加工和运输业为辅的生产方针。经过一年多的大生产运动，山东抗日根据地的农业生产取得了可喜的成绩。各地粮食产量不同程度地实现增长，超额完成了粮食增产目标，除渤海区以外，鲁中、胶东、鲁南、滨海均实现了棉纺自给。1945 年，全山东抗日根据地增产粮食 6 亿多斤，开荒和扩大耕地 70 余万亩，打井 5.2 万余眼。

(三) 大力发展军工和工农业生产

侵华日军从 1941 年到 1943 年对根据地实行军事与经济封锁。为打破敌人的经济封锁，山东抗日根据地一方面尽力发展根据地生产，做到粮食和其他日用品自给自足；另一方面对外贸易坚持掌握重要物资，控制根据地内物价，坚持"有利输出、吸收外汇换取根据地必需物资"的策略，严格管控贸易，严禁粮食、棉花等主要物资输入敌占区，实行食盐与花生油专卖，1944 年及 1945 年上半年，滨海区盐业收入占该区全部工商收入的 1/4。1944 年的油价由根据地初创时每担 270 元提高到 600 元，有时高达 1000 元。[1]

山东分局和山东军区一直非常重视军工生产，1945 年 8 月，各地兵工厂发展到 25 个，员工达 5000 余人；共生产枪支约 12 万支、

---

[1] 中国金融思想政治工作研究会：《中国红色金融史》，中国财政经济出版社 2021 年版，第 328 页。

子弹 90 余万发、掷弹筒 270 门、手榴弹 51 万余枚,[①] 军工生产能力已具备一定规模。

敌人"扫荡"和烧杀抢掠以及水旱灾害给根据地带来严重困难,在如此恶劣的环境下,山东省战时工作推行委员会仍然广泛动员发动群众,大力开展农业生产。山东抗日根据地军民努力开垦荒地,1942 年开荒 44 万亩,较 1941 年扩大耕地 4 倍。[②] 图 1-1 为山东抗日根据地开展大生产运动的情景。

图 1-1 山东抗日根据地的大生产运动

资料来源:引自山东红色金融博物馆资料。

---

①② 中国金融思想政治工作研究会:《中国红色金融史》,中国财政经济出版社 2021 年版,第 329 页。

纺织手工业得到大力发展。1944 年，除渤海区布匹一向自给有余外，胶东和鲁中已实现布匹全部自给，滨海做到军队所需布匹全部自给。生活日用品也有了充足保障，各地兴建了生产生活日用品的工厂，解决了大量生活日用品的供应问题。

1944 年 8 月 11 日至 15 日，山东根据地举办工业展览会，国际友人奥地利医生罗生特参观后兴奋地说："在禁止日货输入的情形下，根据地能出产这样的生产品，实令人惊异不止，新民主主义万岁！"[1]

大生产运动促使山东各地合作社和互助组蓬勃发展。合作社由群众集资建立，以贫农、中农为主，并争取团结了富农，将一切劳力、畜力、土地、肥料、副业等完全折成股份入股，按股分红，实行公私两利、按劳分配、按资分红等分配形式。合作社经营榨油、纺织、铁木工、供销、运输、缫丝、染织等 40 余种业务。据 1945 年 8 月统计，山东抗日根据地拥有各类合作社 4926 个，社员 144 万多名，股金总计高达 6942 万元北海币。各级党委和政府大力推广换工互助与合作生产形式，积极组织群众开展大生产运动。到 1944 年，根据地组织的各种互助组已达 6.42 万余个，共 38 万余人。[2]

三、北海银行的创建与发展

全面抗战时期，中国共产党领导下的抗日根据地建设面临巨大的经济压力。一方面，虽然国共两党达成合作抗日协议，但国民党给予八路军和新四军的军费不足以支持部队的作战，国际援助也是杯水车薪，还不断受到国民党阻挠；另一方面，抗日根据地多处于偏远农村，较为低下的生产水平难以支持抗战的各项工作。面对以上困难，中国共产党坚持"自力更生"的原则，通过大力发展经

---

①② 中国金融思想政治工作研究会：《中国红色金融史》，中国财政经济出版社2021 年版，第 329 页。

济，成功地支持了根据地的经济发展和军事斗争。在这一过程中，
中国共产党领导的金融机构在山东抗日根据地建立起来，发展了根
据地经济，有效地解决了抗日根据地的革命斗争需要和军民生活所
需。其中的北海银行就是山东革命根据地金融事业的一面旗帜。

（一）北海银行在胶东成立

山东抗日根据地是抗战期间唯一一个基本以省为建制单位建立
起来的、全省性的敌后抗日根据地。全面抗战爆发后，山东人民在
中国共产党的领导下，先后在各区县开辟了抗日根据地。

1937 年 10 月，日军将侵略魔掌伸进齐鲁大地，大量印发伪钞
肆意掠夺地方资源，金融市场混乱不堪，以图在财政、金融上扼住
山东经济的咽喉，给根据地的经济建设、军队供给、人民生活造成
了极大困难。面对当时杂币泛滥、物价飞涨的混乱经济形势，财经
委员会决定创建自己的银行，发行自己的纸币。

1938 年春，胶东的抗日武装起义成功，掖县、黄县和蓬莱县建
立了各自的县政府。鉴于当时市场货币流通混乱的局面，在胶东的
共产党组织的领导下，由胶东抗日游击队第三支队的主要领导人郑
耀南、张加路等发起和倡导，经多方协商，决定由军民集股 25 万
元组建北海银行。[①] 1938 年 4 月，北海银行开始筹建，并发行掖县
版的北海银行币（见图 1 - 2）。随后北海银行总行在掖县、蓬莱、
黄县设立办事处。8 月 15 日，北海行政督察专员公署成立，9 月，
掖县北海银行被提升为北海专署的银行，北海银行由股份制形式改
成公私合营形式，由八路军五支队司令部和蓬莱、黄县、掖县三地
民众集资合办。1938 年 12 月 1 日，北海银行在掖县城内正式开业。
因掖县地处胶东西北部，北临渤海，故将银行取名为"北海银行"，
也与北海专署相应。另一说法是根据当地群众流传的古训"南山松

---

① 李德：《抗日根据地银行的建立》，载《中国金融》2021 年第 5 期。

不老，北海水长流"的古训，北海银行的筹备工作人员将银行定名为"北海银行"，以寓意货币如北海之水，永远流通。还有一种说法是"因地处胶东北海地区，故名为北海银行"。① 北海银行从开始筹备到举行成立大会大约经历了 8 个月的时间。张玉田任经理，陈文其任副经理，并下设蓬莱、黄县办事处。北海银行成立后，自己发行钞票，称为北海银行币。由于战争形势恶化，北海银行在1939 年 1 月掖县失陷后仓促撤离掖县县城转移至农村，不久停业。1939 年 8 月，北海银行在莱阳、招远两县交界的张格庄重新建立。重建后的北海银行发行的货币流通于整个胶东，为抗日根据地的财政支付和抗战经费提供支持。随着抗日根据地的扩大，北海银行也得到发展，在胶东各区县设立了支行和办事处。

图 1 - 2 掖县版北海银行币
资料来源：山东红色金融博物馆资料。

1939 年北海银行在胶东得以恢复后，9 月成立东海地区印钞厂，开始印制发行胶东版北海银行币并加盖"胶东"字样（见图 1 - 3）。

① 陈新岗、陈强：《山东革命根据地的奇迹与启示：货币、金融与经济政策》，山东人民出版社 2014 年版，第 101 页。

北海银行的主要任务是支持抗日根据地的财政支付，并为抗战筹集经费。同时也发行地方货币以支持根据地的工农业生产。在胶东恢复重建后的北海银行发行的货币流通于整个胶东地区，北海币由胶东大众报社代印。

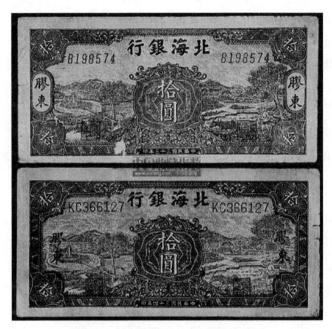

图 1-3 加盖"胶东"字样的北海币

资料来源：山东红色金融博物馆资料。

1939 年冬，北海银行由张格庄转移到掖县，并在掖县建立了印钞厂。用第一套票版印制了 1 角、2 角和 1 元三种面额的北海币，流通范围由北海专区扩大到胶东抗日根据地。

（二）北海银行总行成立

1940 年 10 月，山东省战时工作推行委员会把胶东北海银行升格为山东抗日根据地银行，并在鲁中地区沂南县青陀寺成立了山东北海银行总行。[①] 北海银行总行成立后，相继在省内各区和省界边区设立 7 家分行。清河北海银行改为北海银行清河分行，王有山任分行行长；胶东北海银行改为北海银行胶东分行，陈文其任分行行长；并先后建立了冀鲁边分行、滨海分行、鲁中分行、鲁南分行以及渤海分行。

1941 年 7 月，山东分局提出"建立独立的银行业务，使银行成为调剂金融、巩固法币、投资生产的经济命脉的中心系统"。山东省战时工作推行委员会决定"建立独立的北海银行系统"，扩大北海币的发行，加强货币斗争。省内各区和省界边区相继设立了北海银行分行、办事处与银行业务网点。总行之下设分行，分行之下设支行，支行之下设县办事处。独立的北海银行系统建立起来。

（三）发行北海币和北海银行本票

1938 年 12 月起，北海银行发行了 1 元、5 角、2 角、1 角四种面额的北海币。初次印发 95000 元，在蓬莱、黄县、掖县三县流通。北海银行在掖县开业一个多月后，日伪武装大举进攻掖县，1939 年 1 月 16 日掖县失陷，北海银行撤离掖县，银行业务停办。

从 1940 年开始，北海银行与敌寇展开针锋相对的经济斗争，逐步开创独立自主的货币市场，北海币发行量逐年增加。1940 年发行北海币 791 万元，比 1939 年增长 24.4 倍。[②] 为抵制日伪币，粉碎敌人经济进攻，北海银行清河分行以"官民合办"的方式募集到 88720 元股金，在寿光县成立开业，[③] 发行北海币，十足兑换法币。1940 年 10 月，北海银行被提升为山东抗日根据地的银行，成为全

---

　　① 郑录军等：《浅析北海银行在中国红色金融中的历史地位》，载《华北金融》2021 年第 5 期。

　　②③ 中国金融思想政治工作研究会：《中国红色金融史》，中国财政经济出版社 2021 年版，第 333 页。

省的金融调剂机关，在鲁中区设立总行。1941 年 4 月，北海银行在东海区建立东海印钞厂，开始印刷 5 元、10 元、25 元、50 元和 100 元不同面额的北海币。北海币币值稳定，在群众中具有较高的威信，成为根据地最主要的流通货币。1941 年，总行开始印制发行带有"山东"地名字样的北海币。到 1942 年 2 月 16 日，北海银行清河分行将原股票转换为红利和贸易局股票，完全转为抗日民主政府公办银行继续营业。①

1943 年 4 月，边区战时行政委员会又发出《关于整顿金融发行北海钞票建立本位币推挤法币打击伪钞肃清土什钞稳定物价安定民生的指示》（以下简称《稳定物价安定民生的指示》）（见图 1 - 4）（土什钞是指当时某些杂牌银行自行发行的钞票），整顿澄清了金融市场，发展了生产贸易，争夺了物资，稳定了物价，保证了军需民用，巩固了经济阵地。②

（四）抗战胜利后的北海银行

1945 年 8 月开始，北海银行币开始在山东部分区域等价流通。1947 年 8 月 29 日，山东省政府发布"财字第二十四号"公告，决定北海银行本币在全省统一流通。1948 年 10 月 5 日起，北海银行币与冀南银行币、晋察冀边区币以及华中银行币互相流通。北海银行的工作重心逐渐由农村转向城市，接管城市银行成为北海银行在解放战争时期的重要任务之一。北海银行在完成接管任务和处置涉外业务后，自身实力得到迅速壮大。北海银行的业务逐渐扩展至全省，在新解放的城市如济南、烟台、兖州、济宁等城市开展建立本币体系、统一金库、吸收存款、管理外汇等方面的工作。

---

① 中国金融思想政治工作研究会：《中国红色金融史》，中国财政经济出版社 2021 年版，第 333 页。

② 中共山东省委党史研究室、山东省中共党史学会：《山东党史研究文库·地方史卷（七）》，山东人民出版社 2015 年版，第 74 页。

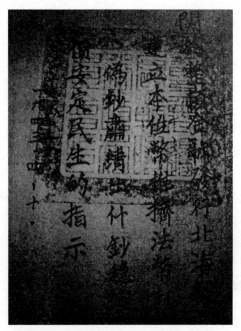

图 1-4 《稳定物价安定民生的指示》

资料来源：山东红色金融博物馆资料。

北海银行积极响应中共中央华东局"不饿死一个人，不荒掉一亩地"的口号，积极发放贷款和发行公债。1946 年 3 月 14 日，中共中央华北局发出《关于紧急救灾工作的指示》，决定以北海银行为主发行救灾公债 9000 万元，1948 年北海银行再次发放农贷 166373 万元。[①]

1948 年 12 月 1 日，以华北银行为基础合并北海银行、西北农民银行，在河北省石家庄市组建了中国人民银行，北海银行成为人民银行建立的三大基石之一。

自 1938 年北海币初次发行至 1949 年停止发行，共有 16 种面

---

① 石磊：《中国红色金融简史》，中国旅游出版社 2020 年版，第 172 页。

额，发行总量达 7892 亿元。除北海币，1948 年北海银行还在济南、潍坊、周村、烟台、益都等新解放城市发行过面额为 10 万元的本票。北海银行总行及其所属的鲁中、鲁南、滨海三大分行，以及后来合并成立的鲁中南分行等分支机构，为沂蒙山根据地真正成为山东乃至全国根据地的经济中心作出了不可磨灭的贡献。

北海银行在全国各革命根据地银行中存续时间最长，历经抗日战争与解放战争两个历史时期，其独有的"战时金融"地位和作用将永远被铭记。其发行的北海币种类和版别最多，这些北海币一方面抵制了日伪币入侵，另一方面也稳定了革命根据地货币金融市场，拉动了根据地经济的恢复和发展，在中国革命金融史上留下了浓墨重彩的一笔。

四、鲁西银行的创建与发展

鲁西银行是冀鲁豫抗日根据地的地方银行。全面抗战爆发后，在冀鲁豫三省边界地区，中共各地方组织积极发动群众组织武装，开展游击战争，开创抗战新局面。1938 年上半年，鲁西北、泰西、湖西等地初创抗日根据地。1939 年 3 月，八路军一一五师政委罗荣桓与代师长陈光率部挺进鲁西，相继取得一系列战役的胜利，初步形成冀鲁豫边区。1940 年 4 月，在已建立 30 多个县抗日民主政权的基础上，鲁西行政主任公署成立。[①] 1941 年 7 月，为统一冀鲁豫边区和鲁西地区的军事指挥和加强抗日根据地建设，鲁西区并入冀鲁豫抗日根据地。

---

① 中国金融思想政治工作研究会：《中国红色金融史》，中国财政经济出版社 2021年版，第 303 页。

（一）鲁西银行的创建与发展

中共中央北方局为了统一鲁西地区抗钞，于 1940 年 1 月 20 日在《对山东工作意见》一文中提出："鲁南、鲁西应统一发行纸币，纠正不统一的各自为政的办法"。[①] 不久，山东分局发出了筹办鲁西银行的指示。根据山东分局的指示，经过紧张的筹备，1940 年 3 月鲁西银行宣告成立，在泰西、运西、运东、鲁西北、湖西五个专员公署同时发行鲁西银行币（简称鲁钞或鲁西币，见图 1 – 5）。

鲁西币发行后，"泰西银行长清分行币"停止发行，"鱼台县地方流通券"暂准发行。1941 年 7 月，鲁西区与冀鲁豫区合并，冀南银行冀鲁豫办事处并入鲁西银行。

鲁西银行先后在泰西、运东、运西、鲁西北、湖西五个专区设立了办事处，又称为第一、第二、第三、第四、第五办事处。每个办事处安排 2 至 3 名会计、出纳和业务人员。

1943 年 3 月 29 日，为统一币制，打击伪币，驱逐法币，按照上级指示，鲁西银行与冀鲁豫区工商局联合办公，实行"统一监委，统一伙食，各成系统，共同行动"的联合办公制，对未设办事处的专区，在工商分局内设信用科，在各县工商局内设信用股，办理货币发行及存放汇等业务，逐步建构鲁西银行的组织体系，便于金融业务开展。[②]

1944 年 6 月，鲁西银行与冀南银行冀南区行合署办公，合并后仍称鲁西银行，鲁钞与冀南币按牌价相互流通。1946 年 1 月 1 日鲁西银行并入冀南银行。[③]

---

① 石磊：《中国红色金融简史》，中国旅游出版社 2020 年版，第 117 页。

② 李振林、周传芳：《鲁西银行及其货币的研究》，载《江苏钱币》2017 年第 4 期。

③ 石磊：《中国红色金融简史》，中国旅游出版社 2020 年版，第 120 页。

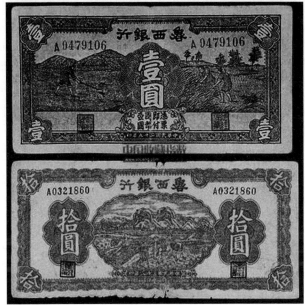

图1-5 鲁西银行发行的货币

资料来源：山东红色金融博物馆资料。

（二）鲁西币的印制、发行与流通

鲁西币的印制工作开始于1940年5月，完成于1946年1月。[①]

---

① 中国金融思想政治工作研究会：《中国红色金融史》，中国财政经济出版社2021
年版，第304页。

鲁西银行发行的货币，除车船 5 元和山庙 20 元由冀南银行太行印刷厂代印外，其余均由鲁西银行印刷所印制。鲁西银行共有六个印刷所。鲁西银行在 6 年中共发行本币 34 种（包括本票 1 种、临时流通券 4 种），金额约为 24.4 亿元，其中用于军队和财政透支的约为 19.3 亿元，占发行总额的 78.99%，用于根据地经济建设的约为 5.1 亿元，占发行总额的 21.01%，极大地促进了根据地的经济发展，增加了根据地的物质力量，保障了军民生活需要和战争供给。①

鲁钞的币值是比较稳定的，比伪币和法币稳定，1940 年鲁钞与伪币、法币币值大体相等，至 1945 年 8 月鲁钞同伪币和法币的比价达到了 1：15 和 1：3.5，是全国各抗日根据地最稳定的货币之一。1949 年新币（人民币）兑换旧币时，鲁钞是全国三种价值最高的抗钞之一。

鲁西银行各项工作的开展，对于防止敌人破坏、保护根据地人民利益、发展根据地经济、支持冀鲁豫边区大生产运动、保障战争供给等都具有重要意义，有力支持了抗战的全面胜利。

思考题

1. 山东抗日根据地是如何建立和发展起来的？
2. 山东抗日根据地经济建设的方针是什么？
3. 山东抗日根据地的北海银行有着怎样的发展历程？
4. 如何评价鲁西银行的历史地位和作用？

---

① 石磊：《中国红色金融简史》，中国旅游出版社 2020 年版，第 120 页。

第二章 山东抗日根据地的货币政策 与货币发行

货币是经济的运行载体，是生产发展的重要推动器，是与敌进行经济斗争的重要利器。抗日战争时期，山东革命根据地遭受敌人的严重打击，引起物价猛烈上涨，物资大量流出，严重影响了根据地的发展。为稳定币值、治理通货膨胀，山东根据地将币值管理与物资管理紧密结合，以北海币为单一本位币进行货币斗争，上演了一场消灭法币和伪币的大戏，为建立健全新中国货币体系奠定了重要基础。

一、抗日根据地的货币政策

全民族抗战爆发前，全国各地流通的货币非常复杂，既有国民党政府发行的法币，也有各省发行的各种流通票，还有日本侵略军和伪政权发行的日钞、伪钞等。面对混乱的金融市场，山东根据地政权制定了一系列的货币政策。

（一）全民族抗战爆发前的山东货币市场

早在道光年间，钱票在山东地区就已经十分流行。1912 年，经农商部考察，山东地区共有钱庄 977 家，资本 4338111 元，发行纸币 1129684 元。① 1923 年，在禁止私票政策出台之前，仅济南就有千余家钱票发行机关。② 1925 年，奉系军阀张宗昌主政山东，成立山东军用票管理局、山东国库善后公债局，发行军用票、公债票共计 2000 万元，后又诏令"各项纸币一律通行"。

1931 年 1 月，韩复榘主政山东，为调剂本省财政，设"山东平市官钱局"，发行角票，面额为 1 角、2 角和 5 角三种。首次发行额已达 60 万元，但是仍然周转不灵，为此，于 1934 年 1 月增发角票 100 万元。1936 年 1 月，改发"铜元枚票"，至全面抗战爆发前，发行角票、铜元票共计 676 万元，实际流通 429 万元。③

1932 年 7 月，山东省民生银行正式成立，发行省库券，券面金额分 1 元、5 元、10 元三种，总发行额为 248 万元。该券虽为省库券，且限定了一年的使用期限，但截至 1936 年仍然在流通。1936 年 7 月，山东省民生银行以辅币紧张为由，发行小额银行券，面额为 1 角、2 角和 5 角，至年底，共发行角票 17109 万元。④

1932 年，国民党山东省政府发布 253 号训令，因铜元缺乏，不敷周转，或展期收回，或发行纸钞巩固市场，并强调"市面乐于行施者尚不少，兹为适合各县需要起见，特定特许办法，准予暂时发行，延期收兑，以示交通"⑤。训令发布后，山东各县大都有土票、私钞发行，严重扰乱了金融秩序，贻害于民。

（二）日伪发行的中联券

1937 年，全民族抗战爆发后，为了加强对物资的掠夺，日军在

---

① 戴建兵：《中国钱票》，中华书局 2001 年版，第 157 页。
② 戴建兵：《中国钱票》，中华书局 2001 年版，第 159 页。
③ 陈新岗、陈强：《山东革命根据地的奇迹与启示：货币、金融与经济政策》，山东人民出版社 2014 年版，第 108 页。
④ 戴建兵：《中国近代纸币：1840－1949 年中国近代官银钱号、省、市银行纸币简史》，中国金融出版社 1993 年版，第 297～299 页。
⑤ 潍坊钱币学会：《潍坊地方票》，山东科学技术出版社 2022 年版，第 637 页。

占领区设立了一系列伪银行，发行伪钞，来破坏我国的金融，搜刮民财。

1938 年 3 月，日军在北平东交民巷 30 号设立"中国联合准备银行"。该银行创办资金额定金额为 5000 万元，实缴 2500 万元，来源分为两部分：50% 由伪北平政府向日本银团借款而得，其中兴业银行（300 万元）、横滨正金（300 万元）、朝鲜银行（650 万元）；50% 原计划由中国 8 家银行分摊认购，但是实际上除河北省银行、冀东银行全部认购外，中国、交通 2 家银行拒绝交款，其他 4 家也变相抵制，最终只募到 350 万元，只能用原华北银行的现金准备金来填补。[①]"中国联合准备银行"在济南、烟台、龙口、青岛、威海卫等地设立分行和办事处，通过发行中联券的形式，强制要求对其他货币进行强制兑换、折价兑换，意图以此建立统治华北的金融网。如 1938 年发布的《旧通货管理办法》规定，"中国银行及交通银行纸币（票面上印有天津青岛又山东等字样者）……一年中为止得以流通"，"未载地名之中国银行及交通银行所发行之……以三个月为限得以流通"。[②]

为了更好推行联合券，日伪政权对流通中的北方券及南方券实行降价收回政策。1938 年 8 月起，按面额 9 折换回，后又强行再减 3 成，即只可以 6 折换回。1939 年 2 月，伪华北临时政府行政部颁布的《禁止以旧通货订立契约办法》第三条规定："凡以旧通货为标准订立之契约，在中华民国二十八年二月十九日以前不改为国币者，于同年二月二十日起均一律认为已按六折改为国币。"[③]

---

① 姚会元：《日本对华金融掠夺研究：1931 – 1945》，武汉出版社 2008 年版，第 178 ~ 179 页。

② 居之芬：《日本对华北经济的掠夺和统制——华北沦陷区资料选编》，北京出版社 1995 年版，第 950 页。

③ 居之芬：《日本对华北经济的掠夺和统制——华北沦陷区资料选编》，北京出版社 1995 年版，第 951 页。

截至 1941 年底，山东仅流通伪联银券的县有 41 个，法币与伪联银券均流通的县有 14 个，县域内部分流通伪联银券、部分流通法币的县有 31 个。[①] 这说明伪联银券没有成为山东地区的统一货币。一方面，由于敌后军民强烈抵制伪联，伪联银券主要在日伪统治区内流通；另一方面，法币仍然是战时中国外汇市场的法定货币，可以凭此购买所需的各种物质，贸易流通性高于伪联银券。

（三）国民党政权发行的货币

在全面抗战初期，为了抗日统一战线的形成，山东抗日根据地大量流通着国民党政府发行的法币，除此之外还包括因各种原因发行的纸币与流通券。

1938 年 1 月，沈鸿烈出任山东省政府主席后，增发山东省民生银行伍角辅币，继又印发伍元、拾元钞票，合计金额为 1200 万元以上。后来，沈鸿烈为了印制方便，索性将票版与机器、工人等全部搬到部下陈三坎的驻地新泰翟家庄，陈三坎得以乘机私印"民生票"。1940 年秋，日伪军把印制"民生票"的器材、工人全部运至济南，继续印发。当时国民党的地方武装如司令、专员、县长等，也乘机在驻地滥发土杂钞 27 余种，进一步加重了货币金融的混乱状态。

在胶东地区，十二师师长赵保原主持发行掖县、莱阳地方流通券，旅长李德发行平度地方流通券、高玉璞发行掖县地方流通券；七区专员郑维屏签发威海地方救济券，九区专员蔡晋康签发栖霞救济券；福山县县长陈昱发行福山地方救济券，文登县县长兼保安三旅副旅长丛镜月发行文登地方流通券；保安六旅旅长苗

---

① 陈新岗、陈强：《山东革命根据地的奇迹与启示：货币、金融与经济政策》，山东人民出版社 2014 年版，第 112 页。

占奎发行牟平流通券，保安十八旅旅长张金铭发行平度地方流通券。

在渤海地区，鲁北行署主任何思源公开发行行署兑换券，部下借机发放利津券；第五区行政专员刘景良发行惠民流通券，旗下杜孝先、周胜芳等发行"裕民银行"货币，张景南发行邹平流通券，徐振中发行宜都金融流通券；保安十五旅旅长张景月发行伪造的山东省民生银行货币，保安第四团团长王馨堂改发张宗昌时期的"吊"票。

在鲁中地区，国民党新四师师长兼山东保安第一师师长吴化文发行"庆仁号"钱贴；苏鲁战区游击第三纵队司令秦启荣发行"建国钱局"货币，后又在临朐发行"利源号"钱贴；苏鲁战区第二纵队独立第五团团长张天佐发行昌乐流通券若干万元。

在鲁南地区，鲁省游击第七纵队司令申从周发行"邹滕泗峰联合流通券"，第八纵队副司令李子瀛发行"苏鲁战区流通券"；李以锦印发"信义合作社流通券"；滕县县长周侗发行"滕县流通券"；57军38旅旅长荣子恒发行"卫生合作社流通券"。①

在滨海地区，日照县县长尹升玉发行田赋流通券，文登县县长丛晓月发行文登地方流通券。

以上这些国民党司令、县长等发行的土杂钞，样式也没有具体规定，有的采用石印版，有的用毛边纸书写，有的用桑皮纸木印，真可谓五花八门。再加上对发行数没有规划与限制，仅赵保原发行的莱阳地方流通券，发行量就达到了20亿元以上，进一步加剧了山东的通货膨胀，这些土钞几乎全部成为废纸。当时流通价值最高的莱阳地方流通券，也要45元才能兑换后期发行的北海币1元，裕民银行钞等则需要400多元才能兑换北海币1元。

---

① 中国人民银行金融研究所、中国人民银行山东省分行金融研究所：《中国革命根据地北海银行史料》，山东人民出版社1986年版，第186~188页。

（四） 山东抗日根据地的货币政策

为了破坏日伪的经济侵略及封锁政策，保证抗战资粮之供给及抑制通货膨胀之需求，山东抗日根据地制定了系列货币政策，明确了货币主权，赢得了货币战争。

1. 1937 年至 1941 年：保护法币，驱逐敌伪币

在 1938 年底北海币发行之前，抗日根据地还没有自己的货币，此时的货币政策主要是提倡法币的使用，禁止伪币的流通。1937 年 8 月，中共洛川会议通过的《抗日救国十大纲领》中明确提出"以有钱出钱和没收汉奸财产作抗日经费为原则"。1938 年 9 月 26 日，时任苏鲁豫皖边区省委（由山东省委扩大而来）书记郭洪涛在县委书记联席会议报告中进一步指出："没收日寇、汉奸财产，实行有钱出钱、有粮出粮的既定国策……保护工商业自由营业""发展农业生产，提倡合作社，使用法币，是目前重要的经济政策"。[①]

为了适应战时财政需要，1938 年 10 月，毛泽东在中共六届六中全会报告中明确了抗战时期党的财政工作方针，他指出"要有计划地与敌人发行伪币及破坏法币的政策作斗争，允许被割断区设立地方银行，发行地方货币"。[②] 1939 年 12 月，毛泽东、王稼祥、滕代远、谭政等人联合发布《对山东军事工作的意见》，指示"胶东银行可发纸币，兑成其他的纸币供给鲁南及其他地区之用。在取得政权后发行流通券及收粮、收税，以便有解决军队给养的长远计划。"[③] 根据指示精神，北海专署率先在掖县筹建北海银行，发行北海币，在胶东根据地流通。北海币未流通之前，各地区分别发行

---

① 山东省档案馆、山东社会科学院历史研究所：《山东革命历史档案资料选编》（第四辑），山东人民出版社 1982 年版，第 36 页。

② 朱玉湘：《山东革命根据地财政史稿》，山东人民出版社 1989 年版，第 61 页。

③ 中共中央文献研究室：《毛泽东军事文集》（第二卷），军事科学出版社、中央文献出版社 1993 年版，第 500 页。

地方流通券等。

北海币投放市场后，长期以来一直作为辅币存在，严格控制发行数量。1940 年 1 月 20 日，中共中央北方局对山东货币政策作出指示："北海银行应在胶东、清河发行货币，还可适当增加。鲁南、鲁西应统一发行货币，纠正不统一的各自为政的办法……在群众中提高这些货币的信用。坚决反对顽固分子破坏货币的行为，大量以我们的货币收买现金，发展生产合作事业。胶东尤其要注意此项工作。"① 同年 2 月 29 日，山东分局《关于统战、政权、战略、财经工作的指示》指出，在货币政策上明确要"筹办鲁西、鲁北、清河三银行，扩大及整理泰莱区流通券，发行曲泗宁自治区流通券。上述银行及流通券一切业务、收支管理，统归分局财委会及财政部"。② 4 月 1 日，中共北方局《关于财政经济政策的指示》强调，"各银行新钞发行额，应随时具报北方局，不得自由增发"。③ 11 月 22 日，山东分局财委会向党政军团体发出《关于发行北海银行辅币的正式通知》中指出"山东敌后财政经济政策急需发行辅币，以便维护法币之信仰和整理地方金融之需要""辅币计分一角、二角、五角等三种（计有二十七年度与二十九年度），十足兑换（凑足十角换法币一元）。凡我各地民选政府、部队及附属机关、合作社等，均得负责兑换"。④

---

① 中共冀鲁豫边区党史工作组财经组：《财经工作资料选编》，山东大学出版社 1989 年版，第 42 页。

② 中共河北省委党史研究室、中共邯郸市委党史研究室：《八路军一二九师暨晋冀鲁豫革命根据地经济建设史料汇编与研究·第 1 辑》，河北人民出版社 2019 年版，第 119 页。

③ 中央档案馆：《中共中央文件选集》（第十二册），中共中央党校出版社 1991 年版，第 392 页。

④ 山东省档案馆、山东社会科学院历史研究所：《山东省财委会关于发行北海银行辅币的通知》，载《山东革命历史档案资料选编》（第六辑），山东人民出版社 1982 年版，第 99 页。

2. 1941 年至 1944 年：驱逐法币、建立北海币本位制

1941 年 4 月，北海银行总行下发《推行新钞宣传大纲》，对为什么发行、发行的保证等做了明确阐述，并附加宣传推行新钞办法、标语口号、对付假造本币的办法，为进一步推行北海币提供了制度保障。同年 7 月 1 日，山东分局进一步明确北海币作为山东省本位币的地位："把印发纸币的权力，完全交于银行，非经银行许可，任何地方政权不能随便发行纸币或流通券……并要在一年内用各种方法收回其他地方纸币与流通券，做到在山东以北海币（在鲁西区，以鲁西币）作为山东市面流通的本位币。"[1]

1942 年，山东各区根据地先后开展停用法币的斗争。1 月，山东省战时工作推行委员会在《关于 1942 年财政工作的指示》中强调"对法币实行七折、八折、九折等使用"。[2] 2 月 5 日，中央财政经济部下发的《关于法币问题的指示——各根据地可采取的对策》中提出，"如法币已挤入我区时，应相机低价值收回，以免侵犯我边币流通范围""急速成立银行或钱庄发行边币或辅币，以边币或地方辅币收买境内法币，扩大边币或地方辅币所流动的范围"。[3] 5 月 29 日，中共山东分局财委会宣布："以北海银行票为我山东各地之本位币。自七月一日起，所有军政民间之来往账目、借约契据，一律以北币计算。北币与法币则应以北海银行规定比价折合使用。如能真正做到以货易货时，则我还可能将北票的价值提到伪币的高度，以完全停止法币的流通。并以我钞吸收一部分伪币，储存一部分金银以作基金，以便将来重困难时

---

① 山东省档案馆、山东社会科学院历史研究所：《山东革命历史档案资料选编》（第七辑），山东人民出版社 1982 年版，第 144 页。

② 葛志强等：《山东革命根据地北海银行历史年表》，中国文史出版社 2014 年版，第 126 页。

③ 江苏省财政厅、江苏省档案馆财政经济史编写组：《华中抗日根据地财政经济史料选编》（江苏部分），档案出版社 1984 年版，第 29 页。

购买我之军用品。"① 7月中旬，山东省战时工作推行委员会财经处召开金融扩大会议，进一步确定经济战线上今后的中心任务——"实行北海币为山东各抗日根据地的唯一本位币，北海银行要做好废除法币的准备工作；建立根据地向外的汇兑"等。会后"排法"斗争在山东各根据地迅速展开。滨海专署当月就率先颁发布告，决定"自8月1日起，以北海银行票为本位币，凡一切财政收支、市面交易，一律以北海币为标准，同时公私机关及会计，亦以北海币为计算单位""自8月15日起，法币一律五折使用，并逐渐达到停止在市面流通"。② 9月，胶东行政公署公布《关于停止法币流通的布告》，规定"自本决定公布之日起，我行政区即行停止法币流通，凡一切公私交易，货币收授，绝禁使用法币，违犯者都予没收""自本决定公布七日后，在根据地内行使法币及携带法币入境在一百元以上者，一经抓获，即一律没收""凡自卫团、游击小组、群众团体、部队机关以及一切人民，均有缉私之权利与义务"。③

这次"排法"斗争由于缺乏经济斗争知识和经验，除了在胶东和沂蒙地区取得一定的成功外，在其他地区几乎都功亏一篑。1943年6月30日，为了扭转这种不利的局面，山东分局发出《关于对敌货币斗争的指示》，认真总结了"排法"斗争中的经验教训，认为主要有三个方面的因素导致货币斗争的失败：一是从斗争手段看，单纯依靠政府命令、指令来执行，未能充分有效调动公私资本的积极参与；二是从组织领导看，经济机构之间相互攀比、投机牟利，领导上不统一、不协调；三是从外汇管理看，法币停用后，外

---

① 中国人民银行金融研究所、中国人民银行山东省分行金融研究所：《中国革命根据地北海银行史料》（第一册），山东人民出版社1986年版，第167页。

② 临沂地区史志办公室：《临沂百年大事记》，山东人民出版社1989年版，第455页。

③ 中国人民银行金融研究所、中国人民银行山东省分行金融研究所：《中国革命根据地北海银行史料》，山东人民出版社1986年版，第246~247页。

汇调剂不再由银行负责，严重影响对外经贸的开展。① 7 月 9 日，山东分局进一步提示，号召全体党员带头，"不使用法币，不收受法币，看到人家使用法币应依法没收，交给政府"，并提出如果有向市场收买法币而到银行去兑换本币的投机行为，按贪污论罪。② 10 月 29 日，山东省政委会颁布《山东省工商管理暂行规程》，提出要在全省设立工商管理处，各战略区设立工商管理局，……各行政公署对区各工商管理局为领导关系，专署以下各级政府对各级工商管理局为指导关系。③ 在各级工商管理局的直接领导指导下，截止到 1944 年 4 月，渤海区、鲁南区域等顺利实现了法币全面停用的目标，第二次"排法"斗争最终取得胜利。

3. 1944 年 5 月至抗日战争胜利：确立物资本位制，建立全省统一的北海币市场

第二次"排法"任务的顺利完成，为北海币的进一步统一流通创造了条件，但是由于各地区进度不一致，造成了币值、物价不统一。因此这一时期山东根据地主要是围绕如何维持北海币币值稳定性、增强北海币流通性开展工作。

在维持币值稳定性方面，山东根据地通过抑制伪钞币值保持北海币稳定。在前期"物资本位"货币探索的基础上，进一步垄断棉花、食盐、花生油等物资的持有数量，加大对重要输出物资登记管理，根据物价高低，不断调整物资采购政策和货币发行数量，实现币值相对稳定。1944 年 12 月，中共山东分局下达《关于货币政策的决定》，提出除购军工原料、西药等外，"可以大量购存棉花、生

① 薛暮桥：《抗日战争时期和解放战争时期山东解放区的经济工作》，山东人民出版社 1984 年版，第 191 页。
② 薛暮桥：《抗日战争时期和解放战争时期山东解放区的经济工作》，山东人民出版社 1984 年版，第 187～188 页。
③ 中共山东省委党史研究室：《山东党的革命历史文献选编（1920－1949）》（第 6 卷），山东人民出版社 2015 年版，第 392 页。

油、粮食（粮价低落地区）等类物资""渤海输往胶东棉花、粮食等，应尽可能多换回物资及外汇""伪钞大量兑入时，各县局可自动压价或停止兑入。贸易出超应精确估计，有计划换回各种物资"等。① 1945 年 6 月 30 日，山东分局财委会发布《关于今后对敌经济斗争的指示》，提出"争夺物资是我对敌经济斗争的主要目的"，强调"应当利用敌区商人抛售存货、贮存本币机会，大量吸收敌区物资，即向敌区扩张本币，换回各种有用物资"，同时提出"由于今春各地物价均有上涨趋势，我们本币发行暂不膨胀，但须准备秋冬利用有利时机大量发行"等。②

在增强北海币流通方面，根据地开始着手建立全省统一的北海币市场。第一步，在鲁中、鲁南、滨海 3 个根据地进行货币流通试点。1944 年，山东抗日根据地发动进攻，三个根据地连成一片，随后于 8 月，在三区召开的工商管理会议上，制订了货币统一的具体办法，迅速实现了北海币的自由流通。第二步，实现胶东和渤海两个区的货币统一。1944 年 12 月，山东分局发布的《关于货币政策的决定》中也提出"加强全省经济情报联系，统一斗争步调，首先争取胶东、渤海的统一发行"③ 的部署。1945 年 6 月，山东全省工商工作会议决定加快两区之间的币值趋同。第三步，实现全省统一本币。1945 年后，根据地分割不断被打破，北海币统一发行的条件已具备。8 月 1 日，山东省战时行政委员会发布《关于统一本币流通的通令》，强调"为全面的调剂物资，稳定金融，统一步调，更有力地开展对敌经济斗争，特决定全省各地区发行之本币不分地区

① 中国人民银行金融研究所、中国人民银行山东省分行金融研究所：《中国革命根据地北海银行史料》，山东人民出版社 1986 年版，第 359 页。
② 中国人民银行金融研究所、中国人民银行山东省分行金融研究所：《中国革命根据地北海银行史料》，山东人民出版社 1986 年版，第 363～365 页。
③ 中共山东省委党史研究室：《山东党的革命历史文献选编（一九二〇——一九四九）》（第八卷），山东人民出版社 2015 年版，第 2 页。

统一流通"。[①] 8 月 29 日，山东省政府发布布告，决定北海银行本币在全省统一流通，[②] 强调无论加盖何种地名、区名的北海币均能在整个山东根据地内等价流通，至此山东北海币的统一才算完成。

二、北海银行印发的纸币及流通

北海银行作为中国人民银行的三大奠基行之一，在山东革命根据地金融史上具有里程碑意义。成立之初，北海银行就秉承"发展工农生产，繁荣农村经济"的办行宗旨，积极推行北海币、北海本票、北海支票，为山东革命根据地经济发展和稳定书写了华美乐章。

（一）北海银行第一套套票的发行

1938 年 4 月，"北海银行"筹备工作启动后，立即着手安排票版的设计。以掖城火神阁、鼓楼及玉皇顶、驻地大院为主景，沙河镇小学校长邓振元绘制了四种票样：一角、二角、五角、一元。银行创始人之一的邢松岩书写票版上的"北海银行"四个字，北海银行行长张玉田派人携票样到青岛，由光华制版社经理班鹏志制版，由袁姓弟兄在掖城经营的同裕堂印刷局承印，并聘请重华印刷所任宇宙为着色技术指导。同年 7 月，印钞筹备工作基本完成，8 月，第一批北海银行券正式对外发行，投放市场，标志着山东地区人民货币的诞生。

一角券：正面绿色，右边主景为掖县火神阁，左边图案内及四角为空心字"壹角"；上款大字"北海银行"成拱形，下款自右至

---

① 朱玉湘：《山东革命根据地财政史稿》，山东人民出版社 1989 年版，第 278 ~ 279 页。

② 张希坡：《革命根据地法律文献选辑》（第三辑），中国人民大学出版社 2018 年版，第 569 页。

左横书小字为"每拾角兑付国币壹圆",右下方加盖"董事长章""经理之章"二印、左右两边框内各加盖"掖县"地名,凡加盖均为红色。背面深蓝色,中心图案内及四角为空心大字"10",上方英文为"BEEI HAI BANK",其下方英文为"TEN CENTS",也加盖两方红印。

二角券,正面深棕色,左上方和右上方加盖 6 位数号码,左下款自右至左横书小字为"每拾角兑付国币壹圆"。背面紫红色,也加盖两方红印,但没加盖号码。其他版式与一角券一致。

五角券,正面红色,以掖县鼓楼为主景,正面下方中间。自右至左横书小字为"此辅币券每拾角兑付国币壹圆"。背面棕色,其他版式与一角券一致。

一元券,正面红色,左边主景为掖县抗日民主政府大院,右边图案内为空心字"壹圆",四角为空心字"壹",上款大字"北海银行"成拱形,右下方加盖"董事长章""经理之章"二印、左右两边框内各加盖"掖县"地名,凡加盖均为蓝色。

9 月,被胶东特委和"三军"接管的胶东北海银行,用原票版印制了一角、二角、五角三种纸币,未加盖掖县地名,至年底,共印发了 9.5 万元。12 月 1 日,在北海银行开业典礼上,将北海币定为掖、黄、蓬三县根据地通用货币,与国民党法币的币值相等。

1939 年 1 月,因日伪军入侵胶东,北海币印发工作暂停,但是一直在民众中进行流通,获得了群众的认可。正如当时黄县县长兼蓬黄战区指挥部政委曹漫之所言,一般民众对北海银行的票币非常信任,北海币公开地通行在非敌占区和敌占区里,甚至在伪军当中,都广泛地使用着。[1] 山东人民抗日救国军第三军三大队队长范

---

① 中国人民银行金融研究所、中国人民银行山东省分行金融研究所:《中国革命根据地北海银行史料》,山东人民出版社 1986 年版,第 33 页。

心然也提到，行政政权撤出后，担心群众心情恐慌，区党委决定北海币继续行使，交税照收，群众情绪逐渐稳定，不急着花了。

8月，北海银行在莱西重建后，立即恢复北海币的印制，从蓬莱取回印版，最初借用胶东区委机关报《大众报》报社代印。到年底，共发行一角、一元二种面额纸币 32.4 万元，1940 年又发行了一角（0.8 万元）、五角（20.4 万元）和一元（42.9 万元）三种面额纸币共 64.1 万元。① 部分一元券加盖"东海"、"南海"或"南""北"等名，供给中共东海、南海及北海特委，在各特委辖区内流通，对保证我军政费用、发展根据地工农业建设，发挥了巨大的作用。正如时任总行副行长兼黄县分行行长陈文其回忆，当时抗日经费来源非常有限，只靠征收地丁税，难以维持基本的生活标准，有时需要借发点票子筹措必要的生活费用。② 由于敌人封锁，这一时期的票纸、油墨等都要到沦陷区去购买，物资非常紧缺，因此同一种票版纸型不一、颜色不一，票面上印"发""展""农""村""经""济""建""设"等不同字样以区分版别。

1941 年 8 月，胶东北海银行更名为北海银行胶东分行，印发纸币由此盖印"胶东"。

（二）山东北海银行总行印发的北海币

随着山东根据地的扩大，鲁中成为山东党政军领导机关所在地，为适应形势的变化，山东北海银行总行在鲁中地区青驼寺正式成立。

为了做好总行的印钞工作，先是通过地下关系在济南大中印刷厂秘密制作票版，并印刷了一角、二角、五角三种面额的纸票，运

---

① 青岛市政协文史委：《青岛文史资料》（第十三辑），中国文史出版社 2005 年版，第 94 页。

② 中国人民银行金融研究所、中国人民银行山东省分行金融研究所：《中国革命根据地北海银行史料》，山东人民出版社 1986 年版，第 34～35 页。

回根据地后加盖"北海银行"的字头和经理号码章，同时加盖"山东"两字。1940 年 5 月，纸票试发行，11 月底正式发行。为加快推进北海币在鲁中南地区的流通，11 月 22 日，山东省战时工作推行委员会财委会发布《关于发行北海银行辅币的通知》，明确表示山东敌后财政经济政策急需发行辅币，以资周转而利抗战，其意义之重大，实关整个战略，希望对附近民众深入宣传辅币发行的重大意义。

山东北海银行总行相继于 1940 年、1941 年、1942 年、1943 年分别增建了"清河区分行""冀鲁边区分行""滨海区分行""鲁中区分行"，发行带有各自区名的北海币。到抗战胜利前，北海币版式已经有 30 多种，面额又增加到一元、二元、五元、十元、五十元、一百元等。

北海币币值在各行政区内差异较大，敌伪会有意识操纵货币供给，严重影响和破坏了各地北海币的正常流通，遂实行分区发行、限区流通的政策。1943 年 3 月，清河行署与北海银行清河分行规定："自四月十五日起实行清河地方本位币制，即本位币实行地区限制，规定清河版北币即清河版北钞辅币在市面流通，其余山东、胶东、冀鲁边北币，一律禁止在清河使用。"[1] 同年 9 月 25 日，总行规定"分区流通山东版伍元、拾元本币，在鲁南鲁中流通者已开始加盖'鲁南''鲁中'字样，限在该地区流通；未加盖者限在滨海地区流通"。[2] 直至 1944 年 8 月，随着根据地的逐步开辟，山东版北海币的流通范围才扩大到鲁中和鲁南地区。1945 年 8 月 1 日起，北海币流通于全省各区，实现了全省货币的统一。

---

[1] 陈新岗、陈强：《山东革命根据地的奇迹与启示：货币、金融与经济政策》，山东人民出版社 2014 年版，第 148 页。

[2] 《北海银行总行决定本币分区流通》，载《大众日报》1943 年 9 月 25 日。

（三） 北海银行本票与支票的发行

1942 年 8 月，为增加根据地货币流通，北海银行开始发行本票。本票为流通工具与支付工具的一种，市面票面额分一百元、五百元、一千元三种。本票可以代替现金流通，票面加盖"此票遗失不挂失号"字样。本票认票不认人，一旦兑付即行作废。据北海银行胶东分行统计，该行 1943 年累计发行本票 155.7 万元，1944 年上半年本票发行量就达到 687.2 万元。[①] 这表明这一时间北海银行票据应用需求较大，1944 年上半年的发行量就比 1943 年增长了3.4 倍。

北海银行多个支行发行的本票版式略有不同。清河分行发行的一百元本票，宣纸材质，长方形直式，柳黄绿色底子，蓝色字，顶端骑缝盖方形图章，一百元字上盖长兴篆字图章，下面阿拉伯数字上盖椭圆形图章。北海银行渤海分行发行的一百元本票，粉红色曲线底子，黄色字，号码及图章均印成蓝色，顶端骑缝图章为红色。[②]

北海银行还发行过支票。胶东渔季外汇需求旺盛，为了储存青岛外汇基金与调剂其他海区外汇，工商管理局规定出口鱼虾的外汇完全由兑换所统一收兑，造成了对现款的大量需求，于是实行用支票替代现金的办法。各县银行发给工商管理局大宗支票，由各县工商管理局填发，支票票面金额固定，五百元、一千元不等，以县工商管理局管辖范围为支票流通范围，银行负责兑现，认票不认人，兑进的支票可循环使用，畅通无阻。[③]

---

① 中国人民银行金融研究所、中国人民银行山东省分行金融研究所：《中国革命根据地北海银行史料》，山东人民出版社 1986 年版，第 557～559 页。

② 中国人民银行金融研究所、中国人民银行山东省分行金融研究所：《中国革命根据地北海银行史料》，山东人民出版社 1986 年版，第 562 页。

③ 中国人民银行金融研究所、中国人民银行山东省分行金融研究所：《中国革命根据地北海银行史料》，山东人民出版社 1986 年版，第 558 页。

（四）北海银行印钞厂的发展变革

北海银行成立后很长的一段时间内，都没有自己的印钞厂，只能是委托他人雕版和印刷。山东根据地白手起家，积极筹备设备和召集人员，建立专门的印制机构，印钞厂呈现出蓬勃发展之态势，为北海币的广泛应用立下了汗马功劳。

1. 清河印钞厂

1940 年 6 月，中共清河地委在寿光县建立清河北海银行，决定正式建立印钞厂，由财政处审计员商质卿具体负责清河印钞厂的筹建事宜。

清河印钞厂接收了印制"益寿临广流通辅币"的山东纵队 10 团印钞厂，当时印钞厂还在广饶县李瞿村，只有脚踏圆盘铅印机一台，3 名工作人员。10 团印钞厂的成立，主要是为解决八路军山东纵队第 10 团的武装给养，适应乡村商品流通之需。早在 1938 年，团长李人凤决定指派部下寇鉴堂以益都、寿光、临淄、广饶四边区抗日民主根据地之名，通过爱国人士傅子方同益都济印刷局经理韩庆荣、汲永顺协商，确定印刷一角票和二角票。但因沦陷区印发八路军钞票的危险系数太高，1939 年 1 月起益都益济印刷局不再接收印刷订单，第 10 团遂决定自己建印钞厂，购买了益都益济印刷局一部圆盘机及部分印刷材料，并于 1939 年 2 月运到广饶县李瞿村，继续印制原版流通券。截至接收时，"益寿临广流通辅币"已印制发行 10 万元。①

1940 年，印钞厂开始寻觅新的安全厂址。同年 7 月，经过一系列考察，最终选定皇城镇许家庄。许家庄位于淄河东岸，位置偏僻，地势险要，易于隐蔽，党支部组织有力，群众基础较好。② 许

---

① 孙永行：《临淄地方币》，齐鲁书社 2013 年版，第 250 页。

② 山东省钱币学会：《山东革命根据地货币史》，中国金融出版社 2009 年版，第 111~112 页。

家村地下还有一条长好几公里的古地道,一直通到淄河岸边。10 月下旬,地道改扩建工程基本竣工,"四边"县委便将原广饶宋家区高村印钞厂的人员和设备都调来,此时人员增加到 11 人。初期,仍印制"益寿临广流通辅币",总计约发行 50 万元,连同之前发行的 10 万元,基本满足了根据地的日常消费和需求。①

1941 年,将铅印与石印分为 2 个厂进行生产,铅印厂有印刷机 2 部,工人及工作人员 14 名;石印厂有石印机 3 部,工人及工作人员 10 名。1942 年 2 月,因辛庄村主任叛变,印钞厂 13 人被俘,清河印钞厂又迁至垦利区惠鲁村,设印刷股、保管股、会计股、鉴定股和警卫排,指导员由曹子明同志担任。② 1942 年冬,印钞厂又遭浩劫,全部厂房被日伪烧光。为保证安全,实行分散工作布局,1943 年 5 月印钞厂迁到相对偏僻的杨家村,发行科仍留在惠鲁村。同年 10 月,该印钞厂与冀鲁边印刷厂合并。

2. 冀鲁边印钞厂

冀鲁边印钞厂始建于 1941 年 6 月,由原来专署印粮票的印刷所、乐陵县实业科印刷股和边区《前进报》的一部分人组成,其中乐陵县印刷股前身是《奋斗报》报社。③ 冀鲁边印钞厂最早只有十来个人,负责人为曹培刚、张瘦梅等人。

印钞厂开始只有两部石印机,后来增到四部,一部脚蹬子,此时票子是石印的,即先用制好的版翻印到药纸上再印到石版上。直至有了铅印机后,才改用铜版铅印。1942 年冬,印钞厂在天津通过一个伪警察局户籍警搞到八页机,同时还动员了几位工人。

---

① 房郁琴,贺传芬:《山东近代银行券与根据地货币》,山东省钱币学会 1992 年版,第 115 ~ 117 页。

② 垦利县党史史志办公室:《垦区革命斗争史:1941. 12 ~ 1949. 9》,中共党史出版社 2005 年版,第 102 页。

③ 中国人民银行金融研究所、中国人民银行山东省分行金融研究所:《中国革命根据地北海银行史料》,山东人民出版社 1986 年版,第 155 页。

冀鲁边环境恶劣，1940 年以后有一段时间全成了游击区。为了隐蔽，印钞活动主要采取四种方式：一是工作时间以夜间行动为主，白天休息；二是分小组活动，一个小组驻在一个地点，实行单线联系，相互之间不了解，有事个别通知，组与组之间谁干什么也不完全清楚；三是随时注意伪装，工作人员住在老百姓家，都化装打扮；四是工作地点随机，或在可靠的农民家里挖个地窖，或在田野里挖个洞，遇到"扫荡"敌情紧急时，把机器就地埋妥，再把地耕起，一点痕迹不留，人员去打游击。①

印钞厂一开始是由专署财政科领导，科长为张耀曾，李聘周负责印钞工作，赵培臣等十来个人负责采购、供应工作。活动范围一般就在乐陵、宁津、盐山几个区，先在宁津县北贾付家、小董家，后搬到旧县镇以西的武官庄等地，1942 年 7 月又搬到盐县城小山一带。印钞厂曾遭受过两次小的损失：一次是在旧县镇，丢了一部脚蹬子；另一次是在候庄，丢了一部脚蹬子，还有一部分半成品和书籍，几个同志也壮烈牺牲。② 1943 年 6 月底，冀鲁边区发生了司令员邢仁甫叛变事件，边区工作受到了很大的损失，印钞厂被迫停产，机器全部埋入地下，工人们分散隐蔽。

3. 渤海分行印钞厂

1943 年夏季，清河印钞厂与冀鲁边印钞厂合并。合并后的印钞厂有八页印刷机 1 台、机动切纸刀 1 部、脚蹬子六七部、小石印机七八部，主要印制一元和二元及少许的五元票。③

印钞厂位于垦利县杨家村。同年 11 月，日寇对清河垦区进行

---

① 山东省钱币学会：《北海银行暨鲁西银行货币图录》，齐鲁书社 1998 年版，第 17 页。

② 中国人民银行金融研究所、中国人民银行山东省分行金融研究所：《中国革命根据地北海银行史料》，山东人民出版社 1986 年版，第 154 页。

③ 山东省钱币学会：《北海银行暨鲁西银行货币图录》，齐鲁书社 1998 年版，第 18 页。

了 21 天的大"扫荡"，印钞厂被迫停产，机器设备被埋入地下。由于叛徒李云昌的告密，大部分机器都被挖走了，纸张、油墨等也丢光了，印刷厂损失惨重。① "扫荡"结束后，印钞厂又迁至黄河以北的毕家嘴和老爷庙等地。1944 年 8 月，印钞厂搬进利津县城，得到了大发展。

4. 胶东分行印钞厂

1939 年冬，《大众报》报社提供了 1 台脚踏机和 1 台平页机，胶东根据地成立了北海印钞厂。12 月，日寇大"扫荡"突围时，印刷机丢失，平页机又被报社收回。印钞厂只剩下一部脚踏机。1941 年春，印钞厂接收了蓬、黄、掖印刷所（公营）1 部脚踏印刷机，文、荣、牟印刷所（公营）的 2 部印刷机、1 部切纸机，又从战斗中缴获了两部脚踏机，至此才渐渐备齐了各种器材。② 同年底，改称胶东印钞一厂，负责人为李友琴、李伟、单魁刚，鼎盛时有圆盘机 12 台、裁切机 1 台，其最大特点就是制版通过关系到青岛，用"冥府银行"的名称制版，运回后，再把"冥府"二字挖去，然后用木头或铜做成"北海"二字填上。③

胶东根据地还兴建了东海印钞厂。1940 年春，北海银行利用八路军缴获的两台印钞机，在王家庵村建起东海印钞厂。王家庵村位于境内西北部最高山峰尼姑顶南麓的一条长长的山里，人口较少，交通不便，具有较强的党员基础。印钞厂对外称"福记栈"，最早全厂一共四五个人，设备只有两台小版印刷机，印刷时需人一边脚蹬的同时，一边右手续纸，左手取出，效率很低。1941 年 8 月，文登印刷所并入人数增加到 20 多人，同年底，改称胶东印

---

① 中国人民银行金融研究所、中国人民银行山东省分行金融研究所：《中国革命根据地北海银行史料》，山东人民出版社 1986 年版，第 158 页。

② 中国人民银行金融研究所、中国人民银行山东省分行金融研究所：《中国革命根据地北海银行史料》，山东人民出版社 1986 年版，第 132～133 页。

③ 马贵斌、张树栋等：《中国印钞通史》，陕西人民出版社 2015 年版，第 264 页。

钞二厂。①

（五）北海银行职工的拼搏精神

在战火中成长起来的北海银行，职工们凭着坚定的信念、忘我的牺牲精神和乐观的斗争精神，有力地解决了战时的财政困难，在战火中表现出了铮铮铁骨。

1943 年 6 月 30 日，《北海银行北海支行四、五、六三个月工作总结报告》中关于工作人员处境艰难与态度乐观的描述为："一部分隐蔽在一地坚持工作，白天集合在山头办公，夜间在地洞里分散睡觉，穴居群处，大有原始人之风，以致枪炮之声虽起于邻村，然不妨我算盘声之盈耳也。"②

《西海支行一九四三年上半年工作报告》描述了工作人员随时面临牺牲、随时准备斗争的情形："李秉哲与三个同志到昌潍送金子，归途中在掖南二区海庙姜家与敌伪二十余人在巷口相遇，李当场被击毙……林洪美在代田按据点时被捕杀……杨兆功在掖城东被日寇捕去……下狱后与我被捕的武装人员七人挖狱逃出……休养后与张玉山同返掖南，又于掖城东南与敌相遇，被捕受重刑，后越狱逃出。"③

1943 年 8 月 20 日，山东省战时工作推行委员会主任黎玉在《山东过去政权工作与今后工作方案》中强调："在敌后困难的条件下，开展银行工作是不容易的，所有以上这些成绩都是由不断斗争中得来……尤其值得称道的是全体工人的努力，不管环境如何困难，扫荡如何残酷，在菲薄的待遇、繁重的工作中，日以继夜地完

---

① 高玉山：《红色乳山》，山东人民出版社 2016 年版，第 262 页。

② 山东省档案馆、中共山东省委党史研究院：《档案里的山东红色记忆》，新华出版社 2021 年版，第 81 页。

③ 中国人民银行金融研究所、中国人民银行山东省分行金融研究所：《中国革命根据地北海银行史料》，山东人民出版社 1986 年版，第 46 ~ 47 页。

成自己的工作。从制版到印刷到鉴定到出厂都经过百倍的努力，敌人来了为公忘私地掩藏机器，并开展分散性的游击战争……这些劳动英烈是值得佩服与钦敬的。"①

北海银行印钞厂是在战争的残酷环境里发展与壮大起来的，在对敌经济斗争中发挥了至关重要的作用，既有力地解决了战时的财政困难、繁荣了经济，又改善了人民生活。

三、鲁西银行印发的纸币及流通

1940 年 5 月，鲁西银行开始发行鲁西币，起初仅在鲁西 30 余个县流通；1941 年 7 月，鲁西区与冀鲁豫边区合并，流通范围扩大到冀鲁豫三省 51 个县；1943 年后又扩大到冀鲁豫皖苏五省 100 多个县，1946 年停止印刷，1949 年收回。整体看来，鲁西银行币虽然发行规模小，发行时间短，但是在山东革命根据地金融货币史上占据重要地位，为抗日战争的胜利作出过重要贡献。

（一）鲁西银行的印钞阶段

鲁西银行的印钞工作，按其隶属关系的变化，大体分为三个历史阶段：

1. 1940～1941 年 7 月：鲁西区时期的货币发行

1940 年 1 月，鲁西区党委就初步商定在东平湖土山、戴庙一带筹办银行，主要任务是印制和发行货币，保证军政供给，开展军工投资、合作社投资和农村贷款。鲁西票的印制工作由一一五师供给部部长刘导生负责，在东平县戴庙乡土山村湖心岛农民王相菊家后院北屋内印制，印票子时有两盘石印机，印的是五角的

---

① 中共山东省委党史研究室：《山东党的革命历史文献选编：1920－1949》（第 6 卷），山东人民出版社 2015 年版，第 274 页。

票子。① 8 月，鲁西银行合并冀南银行冀鲁豫办事处，业务范围由鲁西扩大到冀南、豫北和鲁西南。

鲁西银行坚持"稳定货币"方针，强调"根据流通需要发行"，充分依循市场规律，发行走稳妥的路线，所以较为成功。1940 年 10 月，鲁西军政委员会第一次扩大会议对鲁西币的发行工作作出了明确指示：一是明确发行金额为 300 万元，其中 200 万元投资生产，100 万元充作军费（至明年 6 月底止）。二是要求从速准备基金，打击敌人破坏阴谋。准备物资基金，应对群众献金运动、购买粮食等；准备利用法币作基金，以便停止法币在市面与鲁西票平衡流通。三是整理小票地方杂钞，统计各种票的数量。②

1941 年 1 月 12 日，冀鲁豫边区军政委员会制定的《关于1941 年财政经济工作安排》作出限制法币流通的决定，为摆脱对法币的依赖，开始增加鲁西币的发行数量。但是在"稳定货币"的方针下，鲁西币的整体发行量还是不够，与法币 1 亿元的年均流通量相比，还处于明显弱势。截至 1941 年 7 月，共计发行鲁西币 483.7 万余元，其中用于财政透支约 441.6 万元，发放农业贷款 18.2 万元、救济贷款 2 万元、水利贷款 15.5 万元、商业贷款6.4 万元。③

2. 1941 年 7 月～1943 年 11 月：冀鲁豫边区抗日根据地时期的货币发行

1941 年 7 月，鲁西区和冀鲁豫边区合并为冀鲁豫边区抗日根据地，后行政主任公署合并办公，隶属晋冀鲁豫边区政府领导。鲁西

---

① 中国人民银行金融研究所、中国人民银行山东省分行金融研究所：《冀鲁豫边区金融史料选编》（下），中国金融出版社 1989 年版，第 630 页。

② 财政部财政科学研究所：《抗日根据地的财政经济》，中国财政经济出版社 1987年版，第 362 页。

③ 中共河北省委党史研究室等：《八路军一二九师暨晋冀鲁豫革命根据地经济建设史料汇编与研究》（第三辑），河北人民出版社 2019 年版，第 624 页。

银行币流通范围进一步扩大，鲁西银行的货币发行进入快速发展阶段，除发行了十元、五十元两种大额票币外，还发行了二百元、五百元大额本票和流通券。

1942 年 9 月，冀鲁豫行政主任公署出台《冀鲁豫边区统一市场货币暂行实施办法》，强调本区内"一切公私交易和各种款项收付，一律以鲁西银行钞票为本位币"。① 同年冬，西北局高干会检讨了陕甘宁边区财经工作，会后冀鲁豫边区高干会全面检讨了前期鲁钞发行工作，认为适应救灾和对敌斗争的需要，应该制订扩大发行计划。

为适应救灾需要，鲁西银行制定了《流入灾民贷款办法》，对灾民合作社提供无息贷款，对灾民商贩提供短息贷款；为推动春耕种植，制定了《春耕掘井种植早苗种子贷款办法》，采取以工代赈、提供无息贷款等方式，缩短灾荒时间。通过系列政策的出台，鲁西银行发放了一大批实物，如粮食、棉花、种籽等。鲁钞发行量由 1941 年 7 月的 484 万元增长到 1943 年的 13412 万元，其中用于财政透支的增加到 1862 万元，农业贷款增加到 2500 万元，工业贷款增加到 7100 万元，商业贷款增加到 1950 万元，有力地支持了对敌斗争和生产救灾运动的开展。②

为统一货币市场和对敌斗争的需要，1943 年，冀鲁豫行署修订颁布《冀鲁豫区统一市场货币暂行实施办法》《冀鲁豫区统一市场货币工作组组织办法》等，强化了对鲁西银行和鲁西币的管理。具体体现为四个方面：一是扩大印钞机构，建立鲁西北第三、第四印刷所，鲁西南第四印刷所；二是设立新银行，在鲁西北三分区建立第三分行，在中心区二分区建立第二分行；三是在全区各大集镇建

---

① 山东省地方史志编纂委员会：《山东省志金融志》（上），山东人民出版社 1996 年版，第 135 页。

② 中共濮阳市委党史研究室：《丰碑永树冀鲁豫》，中共党史出版社 2004 年版，第 368 页。

立货币兑换所，由三名左右干部组成；四是自 1943 年 3 月 29 日起，鲁西银行与工商局联合办公实行工商管理税务、贸易、银行三位一体的体制。[①]

3. 1943 年 11 月～1945 年 8 月：冀鲁豫分局时期的货币发行

1943 年 11 月，中共中央决定成立冀鲁豫分局，统一领导冀南区与冀鲁豫区工作。1944 年初，日伪将冀鲁豫边区附近的部队相继南调，意图打通通往东南亚的交通线，冀鲁豫分局军民利用有利战机，坚持经济与行政并重的原则，货币斗争取得了显著战绩。

为了统一平原战略区对敌斗争，冀南与冀鲁豫两区一度合并，这一新的形势带来的要求就是大幅度扩大货币发行。为了完成这一任务，鲁西银行一方面继续发行 100 元、200 元、300 元和 500 元大面额流通券；另一方面组建印刷厂厂部，张子重任厂长，统一各印刷所财务和业务管理，强化领导职责。截至 1945 年底统计，鲁钞发行量增加到了 244000 多万元，其中财政透支 193400 余万元，占发行总额的 78.99%；各项投资和贷款 51450 万元，占发行总额的 21.01%，其中农业贷款 5500 万元，商业投资和贷款 21450 万元，工业投资和贷款 24500 万元。[②] 这一时期市场货币的管理由行政措施为主转向了生产经营为主，经济管理稳步推进，有效避免了市场萧条现象。

为了保证鲁西币的顺利发行，这一时期还加大了对抗战新区的市场推广。在相继解放的新开辟区，冀鲁豫边区广设兑换所，代理鲁西银行业务，组织低价出售物资，发放低息贷款；积极激励公营商店低价售出粮食和日用品；大量增发生产贷款，刺激鲁西

---

① 中共河北省委党史研究室等：《八路军一二九师暨晋冀鲁豫革命根据地经济建设史料汇编与研究》（第三辑），河北人民出版社 2019 年版，第 626 页。

② 中共濮阳市委党史研究室：《丰碑永树冀鲁豫》，中共党史出版社 2004 年版，第 368 页。

币快速推广使用。在货币斗争全面大反攻中，强化与外汇斗争的结合，获得了比价斗争的胜利。鲁西币与伪联银券的比价，由 1943 年的 1∶0.21，提升到 1945 年 8 月的 1∶15；鲁西币与法币的比价，由 1943 年的 1∶3.1，提升到 1945 年的为 1∶3.5。[①]

（二）鲁西币的版别与流通

鲁西币设计竖版较少，有 1 角券、2 角锄地券、300 元临时流通券三种。横版版式较多，计有 37 种，其中有 31 种本币、1 种本票、5 种临时流通券，面额有 17 种，分别为 4 分、5 分、1 角、2 角、2 角 5 分、5 角、1 元、2 元、5 元、10 元、20 元、25 元、50 元、100 元、200 元、300 元、500 元。[②]

鲁西币纸币上印刷的"鲁西银行"多为隶书，仅有三种本币（10 元、25 元、100 元）、1 种本票和 2 种临时流通券（300 元、500 元）采用行书。票版设计分为两个阶段：第一阶段（1940 ~ 1941 年），主要由郭子贞与郑笋设计，陈子恒、康新奎设计了 2 元券；第二阶段（1942 ~ 1945 年），由刘杰三、陈子恒、康新奎、闫子荣等人设计。[③] 鲁西币主景既有农作场面，比如锄地、割麦、耕田、打井、插秧等，也有建筑类，比如有村屋、城门、楼阁、亭院等，还有交通运输工具，如火车、汽车、轮船等。[④]

鲁西银行币的印制厂家，除车船红版 5 元和山庙 20 元由冀南银行太行印刷厂代印外，其余均由鲁西银行印刷所印制。鲁西币也区分了普通版和地名版，地名版印有鲁西南、泰运、湖西、豫东等

---

① 中国人民银行金融研究所、中国人民银行山东省分行金融研究所：《冀鲁豫边区金融史料选编》（上册），中国金融出版社 1989 年版，第 8 页。

② 崔勇、李剑锋：《鲁西银行：平原地区的金融奇兵》，载《中国银行业》2021 年第 9 期。

③ 山东省钱币学会：《北海银行暨鲁西银行货币图录》，齐鲁书社 1998 年版，第 251 页。

④ 熊建秋：《中国人民货币钞币图录》，四川大学出版社 2002 年版，第 103 页。

地名，在边区内一律通用，并没有实行分区流通。

鲁西币起初在鲁西行政主任公署管辖的 4 个专区 36 个县流通。1941 年 1 月，鲁西币流通范围延伸到原苏鲁豫边区的金乡县、鱼台县、沛滕边县等。1941 年 7 月，鲁西币流通范围扩大到冀南、豫北、鲁西南 3 个专区 15 个县，连同原有地区，共计 7 个专区 51 个县。

（三）鲁西银行印刷所

鲁西银行印刷所的管理分三个阶段：1940 年 1 月～1941 年 7 月，一一五师供给部管理；1941 年 8 月～1945 年春，由鲁西银行直接管理；1945 年春～8 月，由鲁西银行印刷厂厂部统一管理。

1. 鲁西银行第一印刷所

1940 年 3 月，鲁西银行成立后，立即筹建鲁西银行第一印刷所。因鲁西银行的负责人为一一五师供给部部长吕麟，故印刷所一直也由供应部管理，所长一开始为供给部教导员刘导生，4 月变更为张震华，6 月由魏仁斋接任，张震华改任政委。魏仁斋原为一一五师东进纵队六支队粮秣股长，后任冀南银行银钞二厂厂长，新中国成立初期担任中国人民银行北京人民印刷厂厂长。

鲁西银行第一印刷所刚成立时仅有六七人，有人工摇轮的小石印机四台，至年底，石印机还不够十台，铅印机最初只有一台小圆盘机，1941 年底才陆续增为三台。印刷厂的人员多为军人，除票版设计师郭子贞和一部分技术工人外，其他人员都是从一一五师警卫排调来的。

该所初在山东省东平县土山村生产，首版印出 5 角、1 角、2 角钞票三种，后遭日军袭击，后来辗转于东平湖西金山、轩辕堂、戴庙、陶那里等地，边转移边生产。反"扫荡"间隙，印制出 2 角

5 分、5 角、1 元等券种。①

1941 年 7 月，鲁西银行第一印刷所的行政工作改由鲁西银行管理，政治工作改由冀鲁豫军区政治部负责。8 月，印刷所政委张震华调出，军区后勤部政委张子重继任。1941 年 8 月，一所与二所合并，组成鲁西银行印刷所。

2. 鲁西银行第二印刷所

1940 年秋，为了继续扩大鲁西币的印刷数量，鲁西行政主任公署又主持兴建了第二印刷所，所长由倪孟海担任，指导员由周庆彬担任，党支部书记由仪华担任。②

印刷厂起初仅有 30 余人，继续沿用第一印刷所票版。为了应对敌人的大扫荡，印刷厂决定化整为零，分为若干个石印组，化名"粮食股""五福堂""余庆堂""三合堂"等，各组分别配备一台石印机和铅印机。③ 这一举措很好地保存了设备和实力，等到 1942 年底，设备人员都扩大了一倍多。

1944 年末，第三印刷所转移到鄄城县李进士堂一带，并入二所，规模进一步扩大，管理和生产分工开始细化，续印鲁西银行 5 元、10 元、50 元、100 元等。④

3. 鲁西银行第三印刷所

1942 年 12 月，鲁西银行第三印刷所组建完成，所长为王真，指导员为翟诚。

鲁西银行第三印刷所是在鲁西北第三印刷所基础上兴建的。鲁西北第三印刷所成立于 1941 年 8 月，由暨南农民合作社流通券印刷所、抗敌日报社印刷所合并而成的，首任所长为王真，副所长为

---

① 马贵斌、张树栋：《中国印钞通史》，陕西人民出版社 2015 年版，第 250 页。

② 中共冀鲁豫边区党史工作组财经组：《财经工作资料选编》（下），山东大学出版社 1989 年版，第 202 页。

③④ 马贵斌、张树栋：《中国印钞通史》，陕西人民出版社 2015 年版，第 252 页。

宋挺捷，指导员为李南山，副指导员为王凌霄。票版设计正面由康
新奎负责，背面由陈子恒负责。^① 1942 年底，王真、王凌霄调出，
刘同文、陈涛接任后贪污腐化，印刷所受到严重影响，最终于 1943
年 10 月由冀南银行路东发行处代管。^②

第三印刷所下设 2 个石印队和 1 个铅印队，仍采取一机一村方
式，在地下室里生产。1944 年 12 月，其并入第二印刷所。此时有
石印机 10 台左右，人员 80 余人。^③

4. 鲁西银行第四印刷所

1942 年 6 月，鲁西南专署和鲁西银行开始筹建第四印刷所，由
专署财政科科长王子平、副科长张太和、张海涵负责。

为了解决设备和技术人员短缺的困难，他们首先动员东明县袁
子涛、袁万启父子，携带 1 台破石印机加入，1942 年底又动员菏泽
县贾相昆、贾贵良父子携带 2 台石印机和自由印刷机加入，^④ 总行
又配置了 1 台铅印机。至此，印刷所设备基本配置齐全。

1942 年底，第四印刷所在菏泽县城白寨正式营业，对外称
"第七专署转运站"，所长杨明义、指导员王凌霄、管理员张广
远。^⑤ 1943 年初，印刷所首批鲁西币投入市场，面额为 1 角、2 角
两种，票面印有"鲁西南"套字，后来又加印 5 角券、1 元券、2
元券、5 元券。

---

① 马贵斌、李兴元、白士明：《简明中国印钞》，印刷工业出版社 2010 年版，第
280 页。
② 武博山：《回忆冀南银行九年：1939－1948》，中国金融出版社 1993 年版，第
674 页。
③ 中国人民银行金融研究所、中国人民银行山东省分行金融研究所：《冀鲁豫边区
金融史料选编》（下），中国金融出版社 1989 年版，第 623 页。
④ 武博山：《回忆冀南银行九年（1939－1948）》，中国金融出版社 1993 年版，第
675 页。
⑤ 中国人民银行金融研究所、中国人民银行山东省分行金融研究所：《冀鲁豫边区
金融史料选编》（下），中国金融出版社 1989 年版，第 655～656 页。

印刷所前后转移过 10 多次，活动的村庄很多，如在曹县付庄村、向庄村、张唐村、马庄等地从事鲁西币印发工作。1945 年 6 月，该印刷所并入第一印刷所。这时，石印机已发展到七八台，铅印机已发展到 3 台，人员已发展到 60 余人。①

5. 泰西四所

1943 年 12 月，晋冀鲁豫边区政府第十六专署成立，该公署由十六（泰西）、十九（运东）专署合并组建而成，故又称泰运专署，专员为张耀南，副专员为谢鑫鹤，辖泰山以西、运河以东地区。泰运专署决定成立泰西分行印刷所，梁杰三任所长，赵侠任指导员，② 选址为齐河潘北，后转到东阿县朱旺村。印刷所从济南招收 12 名印刷工人，购买了 2 台石印机、1 台铅印机及裁切工具和油墨等，印版请求兄弟印刷所支援。到 1944 年，印刷所有成员 50 余人，分石印组、铅印组，7 月，生产泰运版鲁钞。③ 1945 年后，该所部分人员转入第二印刷所，部分人员转至泰运书店。

6. 湖西印刷所

湖西印刷所成立于 1939 年，原为鱼台县抗日政府后方办事处印刷所，主要印刷"鱼台县地方流通券"。1943 年春，印刷所开始印发带"湖西"字样的鲁西币，所长为察贯一，周启奎、安阳南分别带队在单县满庄和周集进行秘密印刷，后又转移到金乡县的唐王庄、程庄、邵集等地。1944 年下半年，湖西工商局营业科张奉尧继任所长，马行方任指导员。1946 年，湖西印刷所并入鲁西银行第二印刷所。

在抗日战争中，这些印刷所都遭受过不同程度的破坏，甚至付

---

①③ 中共冀鲁豫边区党史工作组财经组：《财经工作资料选编》（下），山东大学出版社 1989 年版，第 205 页。

② 马贵斌、李兴元、白士明：《简明中国印钞史》，印刷工业出版社 2010 年版，第 281 页。

出了生命的代价，为党的印钞事业作出了重要的贡献。

四、山东各抗日根据地的货币及流通

全面抗战时期，山东抗日根据地除印发北海币之外，还有大约数十种的地方流通券。这些流通券流通区域不大、发行投放数量不多，但是也为山东抗日根据地的开辟和建设作出了重大贡献。这些流通券主要分为两类：一类是北海币成为抗日根据地法定货币前各民主政权印发的流通券；另一类是北海银行印发的地方流通券。

（一）各地民主政权印发的地方流通券

1939 年 5 月，山东分局提出要加强抗日根据地的建设，加紧建立专署、县、区抗日民主政权，此后山东各地抗日民主政权如雨后春笋般出现，改变了长期以来"政权缺乏"的局面。这些民主政权为了筹措抗日经费、扶持农业生产，发行了地方流通券。

1. 泰山抗日根据地：莱芜农民合作社券

1938 年 8 月 8 日，鲁中区第一个县级抗日民主政权——莱芜县抗日民主政府成立，谭克平为县长。谭克平曾为泰（安）莱（芜）历（城）章（丘）四县联合办事处主任。

民主政府成立后，财政不是很完善。为了解决战时供给，成立了莱芜农民合作社。县长谭克平兼任经理，县财政科长薛鸣玉担任副经理。发展农民合作社是当时中共苏鲁豫皖根据地的一项重要决策，莱芜民主政权建立前已经有成功领导农民协会开展经济斗争的经验。早在 1928 年秋，莱芜县就成立了农民协会。1933 年秋，中共莱芜县委依托农民协会清查县政府浮银，斗土豪劣绅，除贪官污吏，组织群众兴办信用社，提供低息贷款，帮助群众，使其免受高利贷之苦，因此协会的威望和影响力都很高。[1]

为进一步活跃金融货币市场，莱芜农民合作社决定印发地方流通券。为此，县委首先决定筹办纸币印刷所。印刷所由县财政科干事刘仲儒（后任淄博市建设银行行长）负责，机器是从济南秘密采购的，安装在羊里镇陈家庄李宪臣院内，印刷工人有顾玉发、张子杰、李星武等。1939 年 10 月，地方流通券开始投放市场。同月 20 日《大众日报》发表通讯，赞扬莱芜县县长推行新政之举。1940 年 6 月 25 日，《大众日报》再次撰文表扬流通券"因基金稳固，信用卓著，全县大小集、各乡村均已普遍使用，不仅使敌占区伪钞受重大打击，且对本县财政经济有很大帮助"。[2]

合作社发行的流通券票面金额有"五分""一角""二角""五角" 4 种面额。其中最初发行的"五角"券，票面颜色为紫色，正面两侧分别对应耕牛图和打场图，中间分两行写有"莱芜农民合作社"七字。

流通券一开始主要在泰安、莱芜、历城、章丘四县区域内流通。1940 年 4 月，泰山区行政督察专员公署成立后，流通券迅速流通到淄川、博山、新泰等地，流通券的版式也发生了变化，正面的"莱芜农民合作社"改为"农民合作社"，"莱芜"两字分别印在正面左右两侧。另外，根据山东分局《关于统战、政权、战略、财经工作指示》，专署加大了流通券的发行数量，至 10 月，已印发 10 万元。1943 年，鲁中分行决定收回流通券，当时共收回销毁 24.258765 万元。[3]

---

① 山东省钱币学会：《山东革命根据地货币史》，中国金融出版社 2009 年版，第 69 页。

② 中国人民银行金融研究所、中国人民银行山东省分行金融研究所：《中国革命根据地北海银行史料》，山东人民出版社 1986 年版，第 202 页。

③ 山东省钱币学会：《北海银行暨鲁西银行货币图录》，齐鲁书社 1998 年版，第 7 页。

2. 清河抗日根据地：益寿临广流通辅币、长山金融流通券

1938 年 5 月下旬，中共清河特委成立，为适应当时战略形势的发展变化，10 月召开茅子河会议。根据会议关于开展敌后游击战争、建设抗日根据地的精神，抗日游击队分三路开展活动：李人凤、罗文华带一部在临淄地区活动；马耀南带一部在邹平、长山一带活动；霍士廉、杨国夫带一部进至长山的卫固一带活动。①

李人凤率领第三支队第十团，开辟益都、寿光、临淄、广饶根据地。1939 年 10 月，中共清河地委设立益（都）寿（光）临（淄）广（饶）四边县，县委书记为马巨涛。为筹集抗战经费、抑制伪币使用，四边政府印发"益寿临广流通辅币"，首批发行金额为 10 万元。为增强货币信誉，四边政府大都委托当地有信誉的商号担保兑换，如白兔丘的"信昌公司"花边庄、石佛堂的"义兴永"花边庄、王官庄的"三益成"油坊、皇城营的"德聚公"花边庄等。② 辅币发行初，面额为五分、一角、二角、五角四种，正面上方印有"益寿临广流通辅币"，左主景是尖楼建筑，两边分别印有"公私款项""一律通用"红色字样，右下方有"主任""课长"方印。后来随着政权关系的变更，票版也发生了变化，有的刻有"谨防假冒"四字，有的改为阿拉伯数字，有的印"伍拾角兑法币五圆"，有的变更为"每拾角兑国币壹贯"。③ 1940 年 5 月，清河区行政专员公署成立（12 月改为主任公署），辅币的流通范围扩大了，遂续印 50 多万元。考虑到辅币流通已久，破烂不堪，北海银行清河分行于 1943 年 2 月发出收回通知，以北海币收兑，收兑

---

① 中共山东省委党史研究室：《中共山东编年史》（第二卷），山东人民出版社 2015 年版，第 622 页。

② 中共临淄区委党史资料征集研究委员会：《齐城丰碑》，山东人民出版社 1992 年版，第 141 页。

③ 张晓彬：《"益寿临广流通辅币"及其背后故事》，载《联合日报》2017 年 8 月 12 日。

工作到 1945 年结束。

马耀南作为第三支队司令员，开辟了以邹平、长山为中心的抗日根据地。1939 年，山东分局要求清河区特委抓紧筹备成立清河区行政专员公署，并指定马耀南任专员，不幸的是同年 7 月，马耀南在桓台县牛王庄遭敌合围壮烈牺牲。此后，清河地委决定向小清河以北发展，继续开展平原游击战争。1940 年 3 月，邹长中心县委领导印制发行了长山金融流通券。与益寿临广流通辅币不同，长山金融流通券主要是为了救济春荒、发展农业经济，以贷款方式推行，在群众中信用极高。流通券面额有一角、二角、三角、五角四种，首批发行数量为两万元，主要在长山、桓台、齐东、高苑等县流通。1945 年，流通券由北海银行清河分行收回。[1]

3. 抱犊崮山区根据地：临郯费峄流通券

1935 年 3 月，中共苏鲁边区临时特委提出，以抱犊崮山区为中心开辟革命根据地。1936 年，建立临沂中心县委，负责开展临、滕、费、峄山区工作。1937 年 11 月 10 日，成立临郯费峄四县边联联庄会办事处。1939 年 9 月，成立四县边联民众总动员委员会，广泛发动群众，进一步推动鲁南根据地的建立。同年 11 月，峄县民主政府率先成立。1940 年，郯城县、费县、临沂县人民政权也相继成立。为了筹措军政费用，8 月，边联政府印发临郯费峄流通券，据 1941 年 1 月 22 日《大众日报》报道："所发行之流通券，推行以来信用昭著，对敌后抗战很大帮助。"[2]

临郯费峄流通券面额有一角、二角、五角、一元四种，流通券后因发行基金不足，加之敌人破坏，券值下跌，遂很快就被布告回

---

① 山东省钱币学会：《北海银行暨鲁西银行货币图录》，齐鲁书社 1998 年版，第 7 页。

② 中国人民银行金融研究所、中国人民银行山东省分行金融研究所：《中国革命根据地北海银行史料》，山东人民出版社 1986 年版，第 204 页。

收。《枣庄大事记》中记载："1940 年 7 月，临郯费峄四县边联政府发行鲁南流通券 35 万元，翌年全部收回。"①

4. 湖西抗日根据地：鱼台县地方流通券

湖西地区临近徐州，紧靠津浦和陇海两大铁路干线，是通往延安的重要枢纽点。1938 年 7 月，中共苏鲁豫特委成立，王文彬任书记，带领义勇军第二总队开辟了不少的游击区。同年 12 月，一一五师六八五兵团到达湖西地区，与第二总队合并组建苏鲁豫支队，开展了系列抗战，改善了湖西地区抗日形势，推动了根据地建设步伐。1939 年 1 月，丰、沛、鱼、单、砀五县联合抗日办事处成立，民主政权初见端倪。同年 7 月 1 日，鱼台县抗日民主政府正式成立，推选李贞乾担任县长一职。

为筹集抗战经费，鱼台县抗日政府决定印发地方流通券。流通券由县政府后方办事处印发，票版首版由安耀南制作，面额有一角、二角、五角、一元四种，流通范围主要为鱼台、金乡一带。1940 年由吴正宪重新制作，面额有一角、二角、二元三种。1940 年 7 月，湖西专署成立后，流通券改由专署财政科印发，流通范围遂扩大到单县、丰县、沛县等地。1942 年 10 月，湖西区统一使用鲁西币，鱼台县地方流通券不再流通。

5. 泰西区根据地：长清分行券

1938 年 5 月，泰西特委成立，领导抗敌自卫团第四大队在长清地区进行抗日战争，其中机枪营在刘志远、张耀南的带领下开辟了大峰山抗日根据地。

1939 年 3 月，一一五师东进支队在罗荣桓、陈光的率领下，挺进山东泰肥地区，迅速投入到根据地的创建之中。4 月，东进支队与中共鲁西区委组建鲁西军政委员会，6 月 12 日，成立长清县抗日

---

① 孔浩：《临郯费峄流通券》，载《枣庄晚报》2024 年 7 月 11 日。

民主政府，张耀南任县长，兼任独立营营长。

为筹集部队粮款，1939 年 7 月，张耀南倡议并组织肥城县李家溃村村民李维周、汪化南等师徒 4 人，开始印制长清分行券。长清分行券票版由技术工人王殿山设计，票面"泰西银行""长清"字样由李维周书写，汪化南等 3 人负责印刷。① 票券面额有一角、二角、五角三种，在长清、平阴、肥城等地流通。长清币起初由长清县民主政府财政科负责发行，12 月泰西行政专署成立后，改由专署财政科负责印制，1941 年 7 月，该币种停止印发。

（二）鲁中根据地的货币发行与流通

1940 年，中共山东分局在鲁中地区青驼寺成立北海银行山东总行，北海币统一印刷问题就被提上了日程。可是当时北海币的印刷，既没有独立的印钞厂，也没有印制设备、印刷工人和印刷技术。为此北海银行首先秘密委托济南大中印制局制作票版，并印刷了一角、二角、五角三种面额的纸票，运到鲁中根据地，并于 1940 年 11 月底正式对外发行。但这毕竟不是长久之计，为此总行决定成立印刷厂，1942 年春，通过秘密途径将济南大中印刷局的设备全部买下，并动员吸收印刷局的全套技术人员，包括制版员、印刷员、着色员、裁切员、打号员、晾晒员等，② 共计 20 人，印刷条件全部准备完全。组建后的印钞厂设在万粮庄附近的大崂峪，主要印钞设备为石印机，开始印发盖有"山东"地名的北海币（简称山东版）。

1943 年，北海银行总行迁往滨海区，5 月，成立鲁中分行，行长由贾洪担任，主要货币政策为停用法币、发放农贷、代理金库

---

① 马贵斌、张树栋：《中国印钞通史》，陕西人民出版社 2015 年版，第 251 页。
② 青岛市政协文史委：《青岛文史资料》（13），中国文史出版社 2005 年版，第 97 页。

等，年底将后两种职能移交到各工商局，银行只留发行任务。但是原总行的印钞工作仍然由鲁中区负责，印发面额多为二角五分与十元两种，发行总额分别为 5.35 万元和 1010 万元，其他款式仍为地方流通币，合计金额 1785.4 万元，其中一元票 46.9 万元、五元票 358.5 万元、十元票 1000 万、五十元票 380 万元。[①]

1944 年上半年，鲁中分行印钞厂印发蓝黑色楼房树景背"建"字十元券 2000 万元，还发行了 150 万元的单元票，除了续印部分火车鲁中地名版一元券外，剩余单元票均为五角券。[②] 下半年共印制了蓝黑色鲁中地名楼房树景背"设"字十元券 1100 万元，亭楼景背"建"字五元券 500 万元。

截至 1945 年抗战胜利前，鲁中根据地共印发了 30 多种版别的纸币，面额主要包括一角、二角、五角、一元、二元、五元、十元、五十元、一百元等。[③]

（三）鲁南支行的货币发行与流通

1940 年 6 月，鲁南专员公署成立，这标志着鲁南抗日根据地的最终形成。为了加强根据地的货币管理及对敌货币斗争，1942 年，成立鲁南北海银行办事处，后改为北海银行鲁南支行，耿荆山任行长。1943 年 11 月，支行与工商局合署办公，1944 年春，鲁南支行划归总行领导。

1943 年底，鲁南支行决定在鲁南天宝山区的朝阳洞创建鲁南印钞厂，1944 年 4 月 8 日正式开工，由支行营业股股长耿振华牵头，并从鲁中印钞厂抽调骨干李维恭、刁心如及部分印钞设备。1944 年冬季，印钞厂建成，开始印制北海币。其拥有的设备为石印机三

---

①② 李银：《北海银行鲁中分行的成立及分区发行期间印发的北海币》，载《中国钱币》2010 年第 4 期。

③ 青岛市政协文史委：《青岛文史资料》（第 13 辑），中国文史出版社 2005 年版，第 97 页。

台，脚蹬子一部。当时主要印制一角、二角、五角等三种辅币，版模和钞纸均由驻滨海区的北海银行（总行）供给，因技术工艺所限，各种票面均为一种颜色，不套印。随着抗战形势的渐趋好转和鲁南区党政军机关的南迁，印钞厂迁至双山县的崔虎峪村。

鲁南支行最初发行的北海币，有五元、十元、五十元等多种面值，均印有"鲁南"字样，位于正面的下部中间。升格为分行后，"鲁南"二字均竖印在边上。后因市面缺乏辅币，开始印制发行一角、二角、五角辅币。

总之，在整个抗日战争时期，山东革命根据地面对空前困难进行了一系列货币政策和货币斗争，在金融领域作出了一系列的探索与尝试，在没有货币发行经验、没有理论参照的艰苦条件下开辟出了一条独立自主的发展道路。

思考题

1. 北海币是如何在山东抗日根据地确立统一地位的？
2. 山东抗日根据地是如何与法币展开斗争的？
3. 山东地方流通券对山东经济发展的作用是什么？
4. 如何评价鲁西银行在山东抗日根据地建设中的作用？

第三章 山东抗日根据地的金融业务 与货币斗争

山东革命根据地的地理范围包括今山东全部及江苏、安徽、河南、河北的一部分。抗战期间，为了支持生产建设，打破日伪经济封锁，保证战争供给，以获得最终的经济斗争及军事斗争的胜利，山东根据地依托党领导的抗日民主政府所成立的北海银行等银行及其开展的业务，在各抗日根据地开展经济斗争尤其是货币斗争，最终实现了全省范围内单一本位币北海币市场的统一。

一、抗战时期北海银行的主要业务

全面抗战时期，北海银行主要通过发行货币、存放款等形式保证生产建设及战争供给。

（一）发行货币

北海银行发行的货币主要是北海币，此外还发行过北海银行本票。

第一，发行北海币。北海币是我党领导的抗日民主政府所成立的北海银行发行的货币，是山东革命根据地的主要流通货币。北海币发行的目的和指导思想是：打击伪币、保护法币、调剂金融、活跃市场。因此，北海币问世以后受到群众的欢迎，对于巩固稳定金融市场、保证军需供应起到了重要的作用。

全面抗战初期,北海币作为法币的辅币发行,故面值较小,只有一角、二角、五角、一元等。1938年,由于战势发展迅速,山东抗日革命根据地的战争变得十分紧张。为了保证根据地的财政供应,解决部队战士更换冬装、收购棉花的需要,是年10月,在掖县设立了北海银行,经理为张玉田,副经理为陈文其,12月1日委托掖县私营"同裕堂"印刷所代印了一角、二角、五角、一元四种面额的北海币。

随着抗日根据地的扩大与经济形势的好转,一方面,北海币的面值在逐渐增大,又陆续发行了二元、五元、十元、二十元、五十元、一百元、二百元等;另一方面,北海币的发行量日益增多(见图3-1)。除1938年发行数量很少(仅9.5万元)① 外,从1939~1945年,北海币发行数量呈递增态势。这不仅体现了社会民众对北海币的逐渐认可,也有力支援了山东革命根据地的经济建设与革命战争。

第二,发行北海银行本票。1943年,北海银行胶东分行开始发行北海银行本票,并对本票的发行及使用办法作出三点规定:北海银行本票为代替现金在市面流通的票据,是一种流通与支付工具;为了计算方便,本票票面额为固定的,计一百元、五百元、一千元三种;本票与其他票据不同,转让时不需要在背面盖章或签字,凭票兑付,认票不认人。当年,胶东分行发行了一百元券的北海银行本票计26万元,五百元券计129.7万元,共计155.7万元。1944年上半年,胶东分行又发行北海银行本票一百元券43万元,五百元券439.7万元,一千元券200万元,共计682.7万元。②

---

① 陈新岗、陈强:《山东革命根据地的奇迹与启示:货币、金融、经济政策》,山东人民出版社2014年版,第72页。

② 山东省钱币学会、孙守源:《山东革命根据地货币史》,中国金融出版社2009年版,第193页。

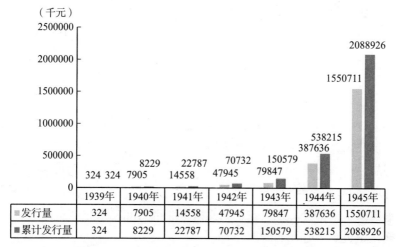

图 3 - 1　北海银行 1939 ~ 1945 年北海币发行量

注：由于 1938 年发行量较少，故未包括在累计发行量中。

资料来源：中国人民银行金融研究所、中国人民银行山东省分行金融研究所：《中国革命根据地北海银行史料》（第四册），山东人民出版社 1988 年版，第 565 页。

（二）存、放款业务

第一，存款。在山东和冀鲁豫抗日根据地，军政机关团体存款主要由北海银行以及鲁西银行办理。北海银行胶东分行开通存款业务，目的在于奖励储蓄、调整金融，打通根据地的汇兑关系。[1] 存款种类方面，计有活期、定期两种。定期自 50 元起码，期限是 3 个月到 1 年。半年以上月息一分，半年以下月息八厘。活期自 500 元起码，随存随取，公营事业日息一毫，民营事业日息二毫。汇兑方面，凡山东抗日根据地清河、滨海等地民主政权达到地区级，胶东各海区、各县均可办理汇兑，手续费为 5‰。

第二，放款。北海银行开办的低息和无息放款业务，支持抗日

---

[1]　葛志强、刁云涛、宋文胜：《山东革命根据地北海银行历史年表》，中国文史出版社 2014 年版，第 150 页。

根据地发展生产，打破日伪的经济封锁，巩固和发展了根据地。1941 年北海银行原定贷款 800 多万元，全年实际发放贷款 938 万元。① 截至 1945 年底，北海银行用于发放贷款的北海币为 15617 万元。

首先是工商业贷款。

1941 年起，为支持革命根据地建设，打破日伪经济封锁，北海银行开始办理工业放款，多数用于支持军工生产，少数用于支持民用品生产。1944 年以后，北海银行的工业放款业务逐渐转移到工商管理局办理。1945 年抗日战争胜利后，北海银行在新解放的中小城市发放了一部分工业贷款，恢复城市经济。北海银行烟台支行工业贷款超过 662 万元北海币。②

1942 年以前胶东北海银行对工商贷款，除配合货币斗争给予国营贸易部门贷款外，其他贷款则很少。1942 年以后，货币斗争取得很大胜利后，银行的工作重心转向发展根据地经济，除发放农、渔、盐业贷款外，还大力扶持工商业，支持合作事业发展，建设根据地经济。1943 年 1 月，北海银行总行制定了营业章程，提出了各项业务的具体章程，主要有：一是存款，分定期、活期两种。定期期限三个月至一年，利率为半年以上者一分、半年以下者八厘。活期期限不限定可自由存款，利率为军政机关每元日息一毫、公营事业及商民日息二毫。二是放款：条件为凡在根据地内经营一切工商业，均可向本行申请放款。定期放款，以月计算，随意约定，但最长不超过一年，利率为公营事业一分二厘、私营工商业一分五厘；活期放款，凡公营事业及商民急需使用款项，能在短时间内归还，并经本行审查必要者，期限最长为三个

---

① 葛志强、刁云涛、宋文胜：《山东革命根据地北海银行历史年表》，中国文史出版社 2014 年版，第 114 页。

② 山东省地方史志编纂委员会：《山东省志金融志》（上），山东人民出版社 1996 年版，第 472 页。

月，在此期限内，可自由偿还，利率日息四毫。活期存款透支：条件为凡经常在本行存款之公营及私营工商业，愿意订立一定限额之往来关系，经本行准许者；期限最长不超过半年，利率日息四毫。三是投资：对象为经政府批准之公营企业及私营工商业，限额一般不超过资本额的60%。上述章程下达后，工商业的贷款逐年发展起来。东海地区1942年上半年仅有22户、137000元，到1944年即达到140户、587028.50元，合作社放款已达172户、1337400元。北海地区1942年9月份工商放款仅7户、58455元，到1944年上半年即增加到648055元；合作社放款1467300元。由于贷款的扶持，各种小手工业解决了原料、工具方面的困难，多年歇业未干的，也都重新干了起来。在贷款的支持下，商业及肩挑小贩也都活跃了起来。1943年下半年，东海地区东西三百里的辖区市场都能互通有无。到1944年，根据地急需的弹花机、织布机都能自己制作，还制作了利民犁和锄地机。在此期间，农业互助组也随之发展，剩余劳力投入工商业者更多，海外归家者绝大多数参加了内地工商业，从而使工商业的资金不断积累。集市上的商品，当地生产的占90%以上，而1942年以前80%是舶来品。赶集的人数较以前增加三倍以上，其中妇女占20%（卖纺织品的），1942年以前妇女赶集的极少。

其次是农业、纺织业等贷款。

北海银行自1938年12月1日在战火中诞生以来，就高度重视农贷业务的发展，通过低息等措施大力发展农贷业务，并把发展农业生产作为整个经济建设的重中之重，采取了一系列措施提高农业生产水平。银行为农民提供低息贷款，以解决农业生产资金不足的难题。1939年至1948年12月1日，北海银行农贷业务先后经历了"缓慢发展—快速发展—全面发展"三个阶段，如图3-2所示。

（北币百元/人民币元）   （%）

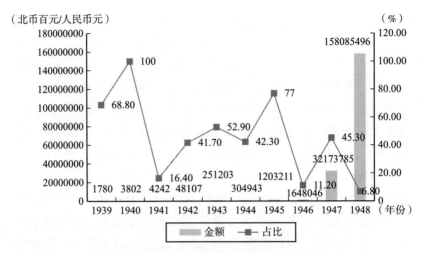

图 3 - 2 北海银行部行历年农贷业务发展情况

资料来源：葛志强、刁云涛、宋文胜：《山东革命根据地北海银行历史年表》，中国文史出版社 2014 年版，第 342 页。

　　北海银行办理春耕贷款的数量为：1942 年 100 万元；1943 年 600 万元。1944 年，山东根据地北海银行发放农业贷款 2390 多万元。[1] 这些贷款体现了以农业为重点发展生产的政策，在限制高利贷的开发和帮助贫困农民发展生产方面发挥了重要作用。

　　1943 年 3 月 1 日，北海银行办理春耕贷款 580 万元，其中分配胶东区 250 万元、清河区 100 万元、鲁南区 30 万元、鲁中区 50 万元、滨海区 150 万元。[2] 在发放贷款时，在地区上重点关注被敌人掠夺和破坏的地区及边沿区；在户口上重点关注无法耕种的贫困农民。同年 3 月 7 日，北海银行举办的 200 万元纺织投资，已先后贷出棉花 5 万斤，贷出现款 9.1 万元，购买工具两万余件，贷出工具

――――――――――

　　[1]　朱玉湘：《山东抗日根据地的经济建设》，载《东岳论丛》1981 年第 6 期。
　　[2]　葛志强、刁云涛、宋文胜：《山东革命根据地北海银行历史年表》，中国文史出版社 2014 年版，第 145 页。

贷款 1 万余元。由于此项贷款之帮助，形成了滨海区全区的纺织热潮，家家户户终日机声轧轧，市场上的土布及线销路极畅，仅就生产工具而言，自 1942 年 11 月至 1943 年 2 月，4 个月中全区纺线车增加 60%，铁机亦颇有增加，出布总价值 420 万元；在纺织方面，群众获利达 2235 万元，增加民间资本 109.5 万元。估计至 1943 年夏天前，生产量已可供全区军队、工作人员的夏衣，为今后纺织业的发展巩固基础。1943 年 4 月 1 日，北海银行胶东分行胶东东海支行一季度贷款情况：一是贷款数额：荣成 254925 元，文登 282815 元，文西 400000 元，牟平 17980 元，牟海 710570 元，海阳 484606 元。全区共计 2440791 元。二是贷款阶层：贫农、中农、抗日家属。三是贷款用途：农具、肥料、耕畜、种子。[①] 贷款带来了两个方面的收获：一是推动了生产热潮。60% 以上的低息贷款（整个东海区总计 1300 多万元）发放给了农民，帮助他们解决了化肥、种子、牲畜、农具及少衣无食等方面的难题。这增加了他们开垦土地和耕种的热情，各种农产品产量比去年几乎翻了一番（也是由于降雨均匀）。二是改善了人们的生活。在文西三区南桥村，数十户家庭无法在春旱中幸存下来。贷款后，一些人推着小车，而另一些人则纺着花和织物，赚了很多钱（最多一个女人赚了 2000 多元），轻松度过了春旱。这类事例各村都有。同时贷款还解决了许多失业工人和海外归来的贫苦商人的生活问题。他们贷了款，有的开荒种地，有的作肩挑背负贩，生活问题得以解决。

1944 年 3 月 2 日，新华社山东分社鲁南电：为开展今年大规模生产运动，解决群众农具等困难，专员公署特发放农业贷款北海币 150 万元。为了使这批款项真正用在生产上，解决贫苦农民的生产困难，专员公署又发了指示，提出贷放办法：一是贷款的对象以贫

---

① 葛志强、刁云涛、宋文胜：《山东革命根据地北海银行历史年表》，中国文史出版社 2014 年版，第 146 页。

苦抗日家属、贫农和较贫的中农为主，但除了先贷给已组织的生产队、变工队或作安家计划的外，没有组织的要一面组织一面出贷，以便在贷款中把农民组织起来；二是贷款必须用于开荒、水利、买种、买农具或集体买耕牛等，同时在贷款数目上也要按各生产组织的需要贷放；三是贷款要通过区、村生产委员会贷出，由贷款人亲自领取；四是必须纠正过去按区平均分配数目的偏向，纠正只为完成任务把款贷出而不问用途的错误做法，或只凭个别经手人不通过生产人以致贷给非生产人的错误；五是款贷出以后，各级生产委员会必须深入检查，以及纠正偏向。[1]

1945 年 3 月 7 日，山东省战时行政委员会为了开展大生产运动，发展农业，准备反攻的物质基础，特决定本年全省各地发放农业贷款 1 亿元：胶东区 3500 万元，滨海区 2000 万元，鲁中区 2000 万元，渤海区 1200 万元，鲁南区 1000 万元；余 300 万元为机动准备款。[2] 关于农业贷款的利率，已决定一般利率为每月 1 分，而抗日家属的利率为每月 5 分，作为优惠待遇的标志。为了奖励棉花种植，棉花种植贷款不收取利息。除渤海地区外，其他地区农业贷款的目的是以促进棉花种植为首要的，其次是水利，最后是牛、农具、肥料等。各地区对农贷的发放，须民主慎重处理，真正用到农业生产上去。山东省战时行政委员会指出过去对农贷使用，潦草从事，不检查用途，导致其未起到应有的推广农业及植棉生产的作用。此项贷款发放时，由各级政府切实负责，协同群众团体，详论，速发，不误农时。1945 年 4 月 2 日，为了帮助群众生产，渤海行署决定：[3]

---

① 山东省钱币学会、临沂市钱币学会：《北海银行在沂蒙》，中国金融出版社 2014 年版，第 166 页。

② 葛志强、刁云涛、宋文胜：《山东革命根据地北海银行历史年表》，中国文史出版社 2014 年版，第 176 ~ 177 页。

③ 葛志强、刁云涛、宋文胜：《山东革命根据地北海银行历史年表》，中国文史出版社 2014 年版，第 183 页。

当年发放 1200 万元的生产贷款，对象主要是抗日家属、贫农，在地区上，以已经进行查减的地区为主，因为这些地区群众翻身之后，已经具备了发展大生产的条件。各地要保证一定把款用之于生产，不能做别的事用，否则立即要回。贷款办法是贷款人经农救会和乡政府在农村负责人处介绍保证，直接到银行去贷，不用其他任何手续。一般农贷是春季贷款，同年 10 月归还；贷款买猪现在贷，两年还款；上年之农贷使用于生产者，可延期到第二年秋后归还；一般纺织贷款与工业贷款应按期还贷。

1945 年，北海银行在全省共发放农民贷款 12032 万元，占全行各种贷款总数比重的 77%。与 1944 年相比较而言，北海银行发放农民贷款数量增加 8983 万元，比重增加 24.7%。[①]

（三）货币斗争

根据地采取政治斗争与经济斗争相结合的方式，由北海银行灵活掌握货币比价，保持北海币的信誉，禁用伪钞，排挤法币，以达到稳定币值、保护群众切身利益和挫败敌人商业掠夺的目的。在敌人增发伪钞、提高物价的时候，根据地压低伪钞比值，同时购存敌人所需物资，适当提高物价；而在敌人紧缩伪钞、平抑物价的时候，北海银行则吸收敌区物资，扩大本币流通范围。这样就将货币发行与争夺物资结合起来，以更好地为对敌斗争及战时财经工作服务。

二、抗战时期鲁西银行的主要业务

鲁西银行是抗日战争期间在鲁西区成立的。与其他根据地银行

---

① 葛志强、刁云涛、宋文胜：《山东革命根据地北海银行历史年表》，中国文史出版社 2014 年版，第 183 页。

相比，它不仅规模小，而且历史短。然而，它通过发行货币在山西、河北、山东、河南和华北平原产生了广泛的影响，为抗日战争和解放战争的最终胜利作出了贡献，并在中国革命根据地的金融货币史上发挥了重要作用。

根据 1941 年 6 月 25 日《大众日报》报道：为了保护法币、抵制伪钞，乃于 1940 年春成立了鲁西银行，发行 1 角、2 角和 1 元的票子，其中 40% 投资在工业上，30% 投资在商业与农村贷款上，稳定了鲁西根据地的金融，活跃了市场，打击了日伪的经济封锁与破坏。

（一）发行货币

鲁西银行发行的货币主要是鲁西币，此外还涉及鲁西银行"湖西"票和"泰运"票以及鲁西银行临时流通券等。

第一，发行鲁西币。鲁西币，亦称鲁钞，诞生于 1940 年 5 月的鲁西抗日根据地，是抗日战争时期鲁西银行印发的钞票。自 1940 年 5 月开始发行至 1949 年底回收结束，共流通了 9 年多时间，其流通区域由最初的鲁西抗日根据地扩大到冀鲁豫抗日根据地。鲁西币的发行和流通，为鲁西及冀鲁豫抗日根据地的巩固、发展及抗战胜利作出了巨大贡献。

鲁西银行首要的任务是发行鲁西币，其坚持稳定货币的方针，根据流通的需要组织货币发行，统一根据地货币市场，独立自主并持续稳定地保障根据地我党政军机关各项开支，其中保障部队供给、满足作战需要是第一位的。建行伊始，根据地政府便通告全区军民，凡根据地内一切交易和债务清偿，均以本区唯一合法货币"鲁西币"进行流通和结算。当时内有根据地财政大量透支的窘况，外有国民党政府及日伪通货膨胀政策的抑制，可谓内忧外患，但鲁西银行为了维护发行流通期间币值的相对稳定，坚守"稳定货币"的方针，始终按照实际流通需要发行鲁西币。1940 年在"一穷二白"基础上创建的鲁西银行，经过几年艰苦努力，到 1943 年，不仅禁止了伪币、排除了法币、肃清了土杂钞，还将原冀鲁豫区流通的冀南银行币、冀南农民合作社票等逐步收回，建立了以鲁西币为本位币的货币市场；其开辟和统一了抗钞市场的工作，也由初期的主要依靠行政力量，过渡到了以经济手段为主、行政措施为辅，更加符合经济规律，更大程度地保护了群众的实际利益。截至 1943 年底，鲁西币（鲁钞）的发行规模由 1941 年 7 月的 480 万元扩大到 13412 万元；发行的面额也在继续增加，1943 年开始发行了 100 元面额的鲁钞，还分别发行了 200 元和 500 元面额的临时流通券。到 1945 年底，鲁西币的发行量共计 24.4 亿元，为根据地的对敌斗争、生产救灾、经济发展提供了有力支持。①

鲁西银行币流通范围不断扩大，影响力也随之变大。1940 年 3 月，由八路军一一五师师部与中共鲁西区党委联合组成的鲁西军政委员会，根据中共中央北方局和山东分局指示，建立了鲁西区的地方银行"鲁西银行"。八路军一一五师供给部部长吕麟兼任经理，张廉方任副经理。同时，开始发行价值相当于法币的鲁西银行币（简称鲁钞），在运东、运西、泰西、鲁西北 4 个专区的 36 个县流通使用。银行成立初期，基本是在一一五师供给部运行，主要任务是印制发行货币，保障军政供应。鲁钞发行后，泰西钱币便停止发行。1940 年 6 月，冀南银行在冀鲁豫边区六县专署驻地清丰县建立了冀鲁豫办事处，秋季开始发行冀南农民合作社兑换券角分票。1941 年 1 月，中共苏鲁豫区党委改组为中共湖西地委并划归中共鲁西区党委领导后，流通范围向南延伸到鲁西南的金乡、嘉祥、鱼台、成武、单县，苏北的丰县、沛县、铜山，皖北的虞城、砀山。1941 年 7 月，山东革命根据地的鲁西区与冀鲁豫革命根据地合并，

---

① 中国金融思想政治工作研究会：《中国红色金融史》，中国财政经济出版社 2021 年版，第 305 页。

组建成统一的冀鲁豫边区，鲁西银行遂成为边区的地方银行，鲁西币被定为冀鲁豫革命根据地的本位币；冀南银行冀鲁豫办事处并入鲁西银行，冀南农民合作社票也停止发行，鲁钞流通范围又扩大到冀南、豫北、鲁西南3个专区15个县，北起清丰、南乐，南至考城、民权、曹县一带。连同原有地区，计有7个专区51个县。此时一一五师供给部已调往山东根据地，经理吕麟调至山东工作，张廉方升任经理，此前由一一五师供给部主持的发行工作也移交鲁西银行。1942～1943年，是抗日战争战略相持的后期，也是边区最困难的时期，战争供应和生产发展都需要银行的大力支持。为适应对敌斗争和生产发展的需要，鲁西银行制定了扩大发行计划，发行量大幅增加。1944年5月，晋冀豫革命根据地的冀南区与冀鲁豫革命根据地的党、政、军合并合署办公后，冀南银行币与鲁西银行币相互等价流通，鲁西银行币的流通范围又扩大到冀南区。

1944年6月，随着冀鲁豫边区与冀南区的合并，鲁西银行和冀南银行冀南区行合并，起初想改名为冀鲁豫银行，但由于鲁钞流通时间长，无法改名，则继续使用"鲁西银行"的名称。这两个地区的货币按照牌价相互流通。抗日战争胜利后，因形势好转，同年11月，中共晋冀鲁豫中央局会议决定，将太行、太岳、冀南、冀鲁豫这四个边区的货币实行统一发行、管理及等价流通。同年12月1日，晋冀鲁豫边区政府发出确定鲁西银行并入冀南银行的指示：自1946年1月1日起，在冀鲁豫边区发行冀南银行币，与鲁钞价值相等地流通。从此，冀鲁豫边区金融机构纳入到冀南银行系统，然而对外仍然保留着鲁西银行名义。为了维护仍然在市场流通的鲁西银行币在群众中的信誉，各级金融机构挂着冀南银行和鲁西银行两个牌子。1949年5月5日起，按一定比价逐步收回鲁西币。从此，鲁钞完成了历史使命，退出了货币流通市场。

鲁西币不仅量大而且质优。一方面，据记载，到鲁西银行成立6年时，共计发行鲁西币24.4亿元，工商业投资贷款使用比例为发行总量的 18.81%，农业贷款使用比例为发行总量的 2.26%，财政透支占发行总量的 78.93%。鲁西银行于 1940 年 5 月开始发行纸币，1946 年 1 月与冀南银行合并后停止发行，先后发行钞币、临时流通券和本票。其中钞币有 14 种面额 30 个版别，临时流通券有 3 种面额 4 个版别，本票有 1 种面额 1 个版别。鲁西银行所发行 14 种面额的钞币，分别为 4 分、5 分、1 角、2 角、2.5 角、5 角、1 元、2 元、5 元、10 元、20 元、25 元、50 元和 100 元。鲁西银行也发行了一些带有地名的鲁西币，如鲁西南、泰运、湖西、豫东等，但没有实行分区流通，地名只是不同版别的标志。另一方面，尽管在那样艰危复杂的战争环境里，币值不可能不产生波动，但鲁西币的贬值幅度远远低于伪币和法币。鲁西币与伪联银券的比价，1940 年为 1：2，1945 年达到了 1：15；与法币的比价，1940 年大致在 1：1，1945 年变为 1：3.5。由于坚持了"稳定货币"方针，在各抗日根据地发行的多种抗钞中，鲁西币也是最稳定的货币之一，由此在冀鲁豫边区根据地及周边群众中树立了较高威信和良好声誉。

第二，发行鲁西银行"湖西""泰运"票。鲁西银行币属中国革命根据地货币，俗称鲁钞、鲁西币、鲁西票。在存世的鲁西票中，带有"湖西"字样的 20 元券极为罕见，带有"泰运"字样的 10 元券则较少见。1940 年 5 月我党我军首先在鲁西东平戴庙镇一带开始发行鲁西银行币，并建立了 6 个印刷所，其中鲁西银行第三印刷所于 1941 年 7 月在莘县王奉一带成立，开始发行 2 元券鲁西票，鲁西票正式流通于鲁西地区。1942 年 9 月 15 日，《冀鲁豫边区统一市场货币暂行实施办法》中规定：本区中心区一切公私交易款项一律以鲁西银行钞票为本位币。所有法币及其他杂钞一律停止流通。统一市场货币的工作得以顺利实现，保证了物价稳定和对敌人的经济斗争，并于 1943 年实现了以鲁西银行币为本位币的货币市场，使鲁西票在群众中得到了极高声誉。鲁西银行 1946 年 1 月

1 日并入冀南银行，并停止印刷鲁西票。据中国人民银行统计，"鲁西票共发行 30 种本币，14 种面值，1 种本票、4 种流通券，故鲁西票十分难得，纸币界有'冀南易得、鲁西难求'之说，而带'湖西''泰运'字样的鲁西票当时印刷极少，流传下来的更为罕见。"①

第三，鲁西银行发行的临时流通券。临时流通券发行特点：一是它不是辅币，面额都较大，有 200 元、300 元和 500 元三种，是当时最大券额（100 元）的几倍。二是与之等值兑换的货币不是法币，而是鲁西银行发行的鲁西币。三是其发行背景——出于共产党领导下的抗日根据地货币斗争的需要。

1943 年 2 月，冀鲁豫行署修订统一市场货币暂行实施办法，在全边区开展统一货币工作，成立统一市场货币工作组，通过建立大集市商店、集市贸易所、农村灾区合作社，保证鲁西币的发行，用行政力量与经济力量保证了鲁西币币值的稳定。在货币与物资的结合中，形成了"以发行鲁钞支持生产，又以商品支持鲁钞"的良性循环。至 1943 年 11 月，冀鲁豫行署根据地区域扩大了 1/3 以上，统一市场货币已在几个地区成功。秋后农产品大量上市，各地均感到鲁西币筹码不足。为了利用有利时机大批掌握物资，在未完成统一市场货币地区完成统一市场货币，在已完成统一市场货币地区不致因鲁西币不足造成法币、伪钞侵入的空隙，决定发行面额较大的鲁西银行临时流通券，有计划地吸收当地的粮食、棉花。于是，鲁西银行统一了全区 6 个印刷所和 1 个直属印刷厂，建立了印钞厂，实行统一管理，分散生产。1943 年发行了红色 500 元临时流通券，1944 年发行了黄色 500 元临时流通券和 300 元临时流通券，1945 年发行了 200 元临时流通券。临时流通券背面印有"公私款项本票

---

① 秦伟、寇章印、周传芳、武德忠：《鲁西银行"湖西""泰运"票》，载《齐鲁钱币》2016 年第 4 期。

与鲁钞同用""本券得向银行各级工商局及公营商店兑换鲁钞"的字样，至此鲁西银行共发行了四种临时流通券。鲁西银行在发行中一直坚持"根据流通需要发行"和"稳定货币"方针。为了吸收新上市的粮食和棉花，需要增加货币发行量，而发行量过大又会引起物价暴涨，导致群众心理恐慌，从而对鲁西币产生不信任感。在解决这个两难问题时，冀鲁豫边区政府充分显示了掌控金融经济的能力，适时地发行了一种临时性的和具有调剂作用的货币——鲁西银行临时流通券。

事实证明，虽然鲁西币的发行量从 1940 ~ 1941 年的 795 万元逐年增加，1943 年为 11283 万元，1944 年为 63827 万元，1945 年发行量为 169717 万元，[1] 但根据地内并没有出现通货膨胀、外币侵入、经济混乱的情况，这除了鲁西币的发行确实做到了"务求稳妥""稳定货币"的方针外，与"临时流通券"的调剂作用关系甚大。鲁西银行临时流通券的发行与流通，距今已有 80 多年的历史了。其在发展根据地经济、繁荣市场、稳定金融和调剂金融等方面发挥了重大的不可估量的历史作用。

（二）投资、贷款等业务

鲁西银行除上述业务外，还有其他业务：投资和贷款业务（主要包括工业贷款、商业贷款和农业生产贷款、救灾贷款等）、根据地汇兑结算业务、收购金银和外汇收兑等业务。

在投资、贷款业务方面，在抗日根据地，为支持根据地发展生产，打破日伪经济封锁，巩固和发展抗日根据地，鲁西银行开始办理工业贷款，多数用于军工生产，少数用于民用品生产。1940 年，鲁西银行为筹措抗日经费，对军工单位和公营商店进行了投资和贷

---

① 秦伟、寇章印、周传芳、武德忠：《鲁西银行"湖西""泰运"票》，载《齐鲁钱币》2016 年第 4 期。

款。至 7 月，贷款 6. 45 万元，支持一、二、三、四专署办起了 19
个小商店、小工厂。1942 年 8 月，鲁西银行二分行及东明等县为实
行减租减息、打击高利贷，向商户和农民发放了低息贷款。1945 年
抗日战争胜利后，鲁西银行在新解放的中小城市发放了一部分工业
贷款，用于恢复城市经济。鲁西银行工业贷款达到 1000 万元鲁西
币。① 至 1945 年底，鲁西银行发放贷款 7150 万元鲁西币。鲁西银
行存续的 6 年间，工商业投资与贷款 4. 59 亿元，农业贷款 0. 55 亿
元，财政透支约 19. 26 亿元。

鲁西银行与鲁西币在山东省鲁西、鲁西南等地区有着广泛的影
响。它在中国革命根据地金融货币史上留下了光辉的一页，为抗日
战争的胜利作出了重要贡献。

三、胶东抗日根据地的货币斗争

胶东抗日革命根据地的货币斗争不仅表现在禁伪、反假，还表
现在特殊货币的黄金斗争，以及为了增加经济斗争实力开展的投资
业务。

（一）严禁伪钞

为了粉碎敌人在货币战线上的进攻，胶东行署及各级政府发布
通令，严禁使用伪钞。

对民众中存有伪钞者，少量者予以兑换，多者没收。同时还同
党、政、军、民联合起来进行宣传，动员群众组织查缉。为了防止
敌人并集、打集，在每相隔十里的范围以内，遍设小集，半日即
散。这样在敌人打集时易于疏散，从而能够减少损失。在敌人的据

---

① 山东省地方史志编纂委员会：《山东省志金融志》（上），山东人民出版社 1996
年版，第 472 页。

点附近还有计划地推行北钞，吸收法币，以减少敌人推行伪钞的空隙。这个办法虽在个别地区进行，但取得了一定效果，如在西海的朱桥、平里店以及北海的松山、寨里等敌人据点内也有北海币流通，西海掖南敌占区的集市上买卖成交时，商人都要"屋里钱"（北海币）。经过一年多的斗争，团结和争取了广大群众，北海币的信誉越来越高。至 1940 年底，除东海的威海整体是争夺区、北海的黄县几乎全县都有伪钞的踪迹外，其他各县则除了敌人据点附近或争夺区，基本都是北海币控制了货币流通市场。1941 年冬，"山东省民生银行"及"山东平市官钱局"被敌人接收，我即明令宣布禁止"民生票"及"平市官钱局"票子在胶东根据地流通使用。

禁止伪钞的斗争贯穿于整个抗日战争时期。日寇投降后，新解放区扩大，关于如何控制好货币斗争，省政府不断发出指示，强调新解放区的经济斗争仍以货币斗争为中心，调剂本币，排挤伪钞，借以稳定物价，恢复贸易，繁荣市场。当敌占区被解放后，将北海币作为唯一合法的本位币，一切收支往来均需按北钞计算，任何人不能拒用北钞。在各海口与边沿区地带设置封锁线，实行检查，出入口货物应换回物资，不准携带伪钞入口。胶东地区新解放的市、镇在四个月内，很快把伪钞肃清。为使广大商民免遭损失，组织商民自动向尚未解放之敌占城市输送伪钞换回必需之物资，此外，各地工商局则按市场上本币与伪钞一般物价差额，规定一定的折兑比值（山东各地比价不一，一般 50～200 比 1），从人民手中收兑的伪币作为外汇，统一向敌区换回我之必需品。这就使新解放区的广大群众免遭存有伪钞的损失。烟台市解放后，在政府与广大市民的积极排挤下，不及一个月的时间，全市敌伪发行的 10 亿元以上的伪钞即全部肃清。

（二）反假票斗争

胶东反假票斗争工作贯穿于整个货币斗争工作的全过程。自停法工作开展以后，北海币的信誉与价值日益提高，根据地内百物落价，敌人向我倾销法币套取物资的阴谋宣告破产。但敌人并不甘心失败，为了进一步扰乱我金融，采取更毒辣的手段，在烟台设立制造假北海币的机关，大量印制假币，秘密运到抗日根据地，鱼目混珠地来吸收我根据地的物资，坑害我抗日军民，破坏北海币的威信。

1942 年 9 月，胶东地区抓获汉奸毕文运拿假北海票（10 元一张的）在蓬莱潮水集上购买粮食，据其供认；钱是从烟台开客栈的朋友那里拿来的，说是花出去二一添作五均分，他这一股运出 1 万多元，还有用灵柩运往各地的。以后又发现多起案件，均系敌人从青岛、烟台、威海等地将假币运至靠根据地的据点内，再利用汉奸伪装成商人向根据地内行使假币的案件。随着反假斗争的开展，山东省战时工作推行委员会于 1943 年 7 月份发布《处理伪造及行使伪造北海币案件暂行办法》，强调党政军民严重注意，掀起群众性的反假斗争，粉碎敌寇阴谋。胶东行署于 7 月 28 日转发了该办法，强调全区党政军民严缉假票，杜绝其流行。随即在招远查获贩卖伪造本币犯张桂荣、在掖北查获勾结敌人行使假北币犯徐寿堂，前者贩卖 1100 元以上，后者使用 500 元以上，皆因案情重大，为群众所切齿恨，送经行署核准，分别执行枪决，从而掀起了反假斗争的高潮。由于各级政府颁布法令，对行使假票者予以严惩，并组织一切力量开展群众性的反假斗争，取得很大的胜利。

第一，胶东区工商管理局全面成立前的反假票斗争。

至 1941 年，几乎所有胶东区发行的北海币都发现了假票。这一时期，贩假的方式主要是在边沿区或据点附近，以几百元伪钞换一千元假北海票的比价把假票推销给跑解放区的商人，由他们带进根据地使用。携带的方式比较隐蔽，有的装在油里，有的塞在车胎里，有的夹在火纸里。到我根据地后，大都在粮食市、牲口市、花布市上，找不识字的农民和妇女买东西，有时直接用假票，有时则把假票混在真票中使用。为了保护群众的利益、维护北海币的信誉，抗日民主政府颁布了查禁伪造和行使假票的法令：① 对伪造和行使假票的罪犯依法惩处，进行严厉打击，并在边沿地区组织查缉，防止假票流入我根据地。假票一经发现，便立即向有关部门发出通报和写稿登报，使大家提高警惕。同时，在集市上挂出真假票样，向群众宣传，在识字班和夜校里向群众讲解，帮助群众提高识别能力。群众一经发动起来，敌人的诡计就很难得逞了。

胶东区采取的一系列反假措施取得了良好的效果。群众反假意识很强，反假积极性很高，有时斗争方法还很巧妙。比如，有个行使假票的罪犯，在海阳被群众发觉后，两个民兵为了查明真相，一直跟踪到赵保原的据点附近，才把这个罪犯缉拿归案。这样不仅抓到了罪犯，还发现了假票的来源。根据 1942 年 10 月 30 日胶东区委《大众报》报道：② 现在各地发现许多假北海币。一是现在发现 10 元的假北海币多是"村"字的一种。二是伪造 5 元的北海票多为蓝色"繁"字的一种。三是单元假票多是以前北海银行所印"掖县县政府"那种花纹和"南海"字的。据 1943 年 7 月 21 日《大众日报》报道：③ 现在在各地已经发现的有下列三种：第一种是带有"胶东区地方本位币"字样的红色 10 元假票（火车头图）；第二种是带有"发展""农村""经济"字样的红色 10 元假票（天坛图）；第三种是带有"胶东"字样的红色 10 元假票。

第二，胶东区工商管理局全面成立后至 1945 年底的反假票斗争。④

---

① 山东省钱币学会：《北海银行货币大系》（下），齐鲁书社 2015 年版，第 697 页。
② 山东省钱币学会、孙守源：《山东革命根据地货币史》，中国金融出版社 2009 年版，第 164 页。
③ 山东省钱币学会、孙守源：《山东革命根据地货币史》，中国金融出版社 2009 年版，第 165 页。
④ 山东省钱币学会：《北海银行货币大系》（下），齐鲁书社 2015 年版，第 704 ~ 705 页。

1943 年 12 月 15 日，胶东区最后一个建立了工商管理局。从此，领导货币斗争之重任落到了工商管理局的肩上。作为货币斗争内容之一的反假斗争自然也归工商管理局领导，银行配合工商管理局进行反假斗争。这一时期，虽然胶东区假票案例明显减少，但是，仍然发生了大宗使用假票案。胶东区的反假斗争形势依然较为严峻。此阶段胶东区见诸《大众报》的假票案例如下：1944 年 1 月 12 日载：威海敌人最近制造一批带火车头的假北钞，利用奸细到根据地使用，上月 20 日被我在文登营及六区沟上集捕获两名，共搜出假票 7000 元。4 月 19 日载：现在市面发现胶东北海银行发行票面额 100 元的本票改为 1000 元。北海银行发行的本票共有三种：第一种是票面额 100 元的是小黄花地（即底色）子；第二种是 500 元的是紫地花瓣凑成圆花；第三种 1000 元的是紫地布纹没有花。使用本票时不但要注意票面额当中的大写数，还要注意下头的阿拉伯码数，再牢牢记住三种本票花纹和颜色是不同的，就不能受骗。1945 年 1 月 27 日载南海简讯：从 12 月份上旬到 1 月的上旬，一个月间，伪钞与本币的币值从五折跌到一折五，伪钞的信用扫地。青岛敌人为破坏我之金融，近来大量印制假本币，边缘区域敌伪据点中，即发现奸商卖伪造本币（大部分是 50 元票面的），每 35 元伪钞，买伪造北钞 100 元。其中三个现已被我逮捕。当月 29 日记载报道：最近敌人又伪造我新发行的 A、B 字票面 50 元本币，利用奸商利徒，来我根据地行使。海荣工商局查获假票犯一名，由青岛带来假北钞 20000 元，在海荣一带行使。

（三）黄金斗争

在群山环翠的山东省招远市，有一座黄金储量巨大的山脉——玲珑山，号称"华北第一大金矿"和"亚洲金矿之冠"的玲珑金矿就坐落在这里。抗日战争时期，在中国共产党的领导下，胶东军民在这里开展了旷日持久的"黄金抗战"。

据招远政协出版的《招远文史资料》第一集刊登的招远地名办公室编纂的《招远玲珑金矿考略》、烟台文史资料第五集刊登的玲珑金矿刘好学整理的《抗日烽火中的玲珑金矿》等资料记载，在浴血奋战的抗日战争中，招远人民积极响应胶东区党委的号召，在招远采金管理委员会、玲珑采金局的组织指导下，大力发展黄金生产，支援抗日战争。在日伪严重破坏和奸商倒卖的情况下，招远地区向延安共筹集上缴黄金 13 万余两，为支援抗日战争作出了突出贡献。玲珑金矿收复后，周恩来副主席通过延安新华广播电台向全世界宣布"华北第一大金矿——玲珑金矿，解放了"。

抗战时期，黄金在中国革命进程中的作用不可替代，成为影响中国革命成败的重要因素。黄金是共产党事业的物质基础，是人民军队的生命线。胶东军民倾其所有，密送的 13 万余两黄金，是雪中的炭、暗夜的灯，化解了毛主席和党中央的燃眉之急，成为党领导抗战事业的重要经费来源，从经济上保障和支撑了中国革命的胜利。往党中央送金行动，充分地展示了胶东区军民的优秀品质。胶东军民特别是招远人民以对党忠诚、对祖国热爱的革命信念，睿智果敢、舍生忘死、历尽艰险，对中国革命胜利作出突出贡献，为胶东红色文化史抹上了厚重、灿烂的一笔。

（四）投资业务

为了支持工商业的发展，活跃根据地市场，加强对敌经济斗争的实力，北海银行还搞了一部分投资业务。一般都是经过介绍、考察，并设立合同，然后投资。其投资形式有以下几种。

第一，投资办商店。

1942 年北海银行东海支行向五家商店共投资 7.8 万元，其中：同德号 2 万元、同兴德 2 万元、宝生堂 0.8 万元、聚成和 1 万元、烟台××号（通过同德号）2 万元。定为每年底为结账期，所结盈利或亏损双方各半分配与分担。银行对商店的领导基本上是根据市场物价情况和货币流通情况，及时购进我需要之物资等，以达到活跃市场、调剂金融之目的。具体经营由商店经理负责。由于银行投资，再加上这些商店都是比较可靠的人经营，一般都能按我们的意图办，因而发挥了很好的作用。例如，在敌人"扫荡"结束后，北钞一时贬值，物价上涨，市场不稳，很多商人对北钞抱着怀疑态度（买货赊账比现钞还便宜）。这时东海支行立即通知各店出售一部分人民必需品（细布等）。市场一两日即平定了，打消了商人的糊涂观念与对市场的操纵。1942年秋季牟海、冯家集、崖子等处及中心乡村产出大批蚕丝，但无销路，丝价下降，影响了群众养蚕的积极性。银行立即指示商店到该处收购蚕丝234斤，转向敌区销售，不但解决了销路问题，还换回大量票纸、油墨等物资。北海银行西海支行1942年投资经营商店共10家，主要是杂货、粮食、土产等，资本总额为273000元，我投资额为127500元；至1943年已达到30家。其中：支行14家、南掖4家、招远4家、平度4家、掖县4家，投资总额为42.2万元。这些商店对活跃市场及对敌斗争都发挥了很好的作用。

第二，盐业投资。

牟海三区裴家岛村沿海有大片盐田，由于投降派王兴仁的压榨和破坏，盐民生活十分困难，盐田无力维修，向银行请求投资。经东海职工会会长奎一等介绍，北海银行共投资13户，每户800元，投资总额10400元，约定期限为三年，第一年按实晒盐数四六分成（银行四盐民六），第二年后各半分成。第一年共晒盐46560担，出售盐款总额29428.25元，完税总额12402.25元，银行分利6569.60元，盐民得9854.40元。盐民都深深感到北海银行是自己的银行。这一做法激起了沿海一带盐民的生产热情，聚集了大批失业盐民参加生产，解决了盐民的生活困难，并增加了根据地的财政收入。

第三，独资经营工厂。

北海银行东海支行为了解决根据地必需品的生产问题，投资经营了东和利造纸厂、泰康公司（生产肥皂）、文具厂，共投资104000元，对解决根据地纸张、墨水、肥皂等必需品的生产问题起到一定作用。

四、冀鲁豫抗日根据地的货币斗争

鲁西币不仅作为山东鲁西革命根据地的本位币，而且在鲁西革命根据地并入到冀鲁豫革命根据地后，仍是本位币，在抗战斗争中，一直发挥着重要作用。

冀鲁豫抗日根据地抗战时期的货币斗争是在 1940 年小冀鲁豫根据地建立后展开的，一直持续到 1945 年抗战取得胜利。

（一）1940 年的货币斗争

第一，小冀鲁豫根据地的货币斗争。小冀鲁豫根据地 1940 年建立后，即公布了冀钞（冀南银行纸币）为本位币，成立了财政委员会，货币斗争是在财政委员会的领导下进行的。

当时市面上流通的货币复杂，有河北银行纸币、法币、濮阳专员丁树本发行的东明田赋流通券、山东民生票、（国民党）鲁西行署流通券、山东平市官钱局纸币、河北银钱局纸币、私人钱票等，冀钞并未取得主导地位。虽然此时各种货币比较稳定，价值大致相当，并未严重影响市场流通，但是为了排挤伪币与杂钞，根据地于1940 年 5 月宣布禁止各种杂钞，并拟发行一部分辅币以供市场找零之用。

本年的货币政策："抵制伪币，禁止土杂钞，保障法币（受财政力量限制，实际采取的是不积极维护的态度），维护冀钞，调剂金融流通，增加生产。本年根据地流通的货币数量，法币占优势，虽经努力推广，冀钞占流通货币总数不到30%，并且信用还不巩固, 部分地区冀钞币值低于法币约一二成。"① 货币斗争的情况大体如下。

根据地建立后即严格禁止日伪币流通, 故日伪币在根据地基本区始终没有地位。

关于河北银行纸币、山东民生票、鲁西行署流通券、山东平市官钱局纸币、河北银钱局等纸币, 虽然以政府名义公布禁止, 由于市面缺乏辅币, 并未收到良好效果, 仅河北银行一元以上币不能流通。日伪"扫荡"根据地后, 各种货币价值开始动荡, 冀钞、部分法币开始跌价, 加上根据地辅币发行迟缓, 各杂票不仅未能肃清, 反而增加了。后经各县的努力, 冀钞价格开始稳定, 各种杂钞逐步绝迹。

对于私人出的钱票, 根据地一开始就采取了取缔政策, 因市面缺乏找零票, 私票禁而不止。最终, 随着根据地辅币的陆续发行, 以及限令私票发行人缴纳保证金, 分期收回已经发行的纸币, 私票基本绝迹了。

丁树本发行的东明田赋流通券属于特殊情况。尽管丁树本发行的流通券数量较大, 约有 80 万元, 但由于其曾经与八路军合作过, 加上流通券票面注明以田赋附加做担保, 且大多数是在小商人手里, 为了统战和照顾小商人及贫苦人民的利益, 对于其发行的流通券, 在冀钞尚未普遍流通、市场缺乏小额票币时, 根据地默许其流通, 后来经过停止使用登记、折价或田赋银两派款收兑, 到 10 月才正式宣布禁止流通。

本年根据地流通的货币数量, 法币占优势, 虽经努力推广, 冀钞占流通货币总数不到 30%, 并且信用还不巩固, 部分地区冀钞币值低于法币约一二成。可以说本年的货币斗争在禁止各类土钞及推广冀钞方面取得了一定的成绩, 但也存在不足之处。

---

① 山东省钱币学会:《鲁西银行货币》, 中国金融出版社 2020 年版, 第 171 页。

小冀鲁豫区流通冀钞，据《抗日战争时期晋冀鲁豫边区财政经济史资料选编》记载：1940 年底，日寇大量伪造冀钞五元券，企图捣乱根据地经济。

第二，鲁西根据地的货币斗争。鲁西根据地建立后，成立了财政委员会领导货币斗争。此时的货币政策是推行鲁西币、排挤伪币、取缔土杂钞。但是，推行鲁西币并不如意，市面杂钞禁而不绝。1940 年没有发现鲁西币假票的报道。

（二）1941 年的货币斗争

1941 年，小冀鲁豫区后与鲁西区于 7 月份合并后称为冀鲁豫区，货币斗争主要有继续肃清土杂钞、禁止伪币、限制法币，并在发行冀钞、鲁钞的同时进行反假斗争。

1941 年春，小冀鲁豫区继续肃清土杂钞，并限制法币在市面流通。但是，鲁西区杂钞依然充斥市面，连卖花生的、卖纸烟的都印发票子。私票之所以禁而不止，除政权不是很巩固外，与鲁西币辅币缺乏不无关系。为此，政府除勒令各商号定期收回杂票外，并计划多印五分、一角、二角小票。为了避免法币流入日伪占区，政府开始动员人民不用法币买东西，将法币兑换成鲁西币，或是存入银行。7 月，冀鲁豫区与鲁西区合并，仍称冀鲁豫区。合并后，整个冀鲁豫区除流通鲁钞外，还流通冀钞，鲁钞为冀鲁豫区的本位币。为了防止日伪吸收法币，7 月 5 日，晋冀鲁豫边区公布了《保护法币暂行条例》：凡携带法币出境者，须一律领有证明文件。之后冀鲁豫区下达命令，交易中一定不用法币，法币由政府收购。但实际工作中，此项命令执行得尚不彻底，法币仍然在市面流通。

本年度在推行鲁钞方面取得了一定成绩，由于两区合并，流通区域由鲁西区扩大到整个冀鲁豫区。但是，在取缔土杂钞方面略显不足，没有完全根除土杂钞的流通。与日伪币的斗争更是不尽如人意，不仅使日伪币大量流入根据地，比价方面也是节节失利。比价斗争的大致结果是：冀钞对法币 1∶0.6，鲁钞对法币 1∶0.7～0.8，鲁钞对伪币 1∶0.5（在敌占区）。在泰西，鲁钞一元换伪钞五角，法币与鲁钞同土钞亦同。鲁钞与伪币的比价，由 1940 年的 1∶1 降到 1941 年的 1∶0.5，如此快速的贬值，其原因不仅仅是日伪货币的进攻，更主要的是根据地没有搞好生产建设。正如 1941 年 5 月山东分局对鲁西根据地工作的指示讲到：生产建设尤差，主要部分的支出是靠石印机。一个政权或政府的支出，如果不是靠税收，而是靠印票子，其货币必然会贬值。

在反假票方面，1941 年的冀鲁豫、鲁西财经工作材料中也提到敌人制造假冀钞、假鲁钞以破坏根据地的钞票。根据《冀鲁豫区抗日根据地发展史略》记载：“本年鲁西在整理党支部工作的统计中，钜北一个支部四个党员，其中一个伪造我们的纸币。”①

据段周德回忆：1941～1942 年，鲁西银行的业务工作之一是进行反假票宣传，积极开展反假票斗争，总行除及时印制真假票说明外，还配合工商局、县财政科、集市管理所等进行宣传。尤其是冀南农民合作社兑换券五角票，由于印制粗糙曾发现很多假票，经过宣传及各方斗争，假票大大减少。②

冀钞在多个流通区域发现假钞，有一元、二元、五元，但冀鲁豫没有发现假钞流入。

（三）1942 年的货币斗争

1942 年，冀鲁豫根据地开始进行排法斗争。

根据冀鲁豫行署 5～12 月的财政建设计划大纲要求，十七、十八、二十、二十一专区的基本区，自 8 月 1 日起停止法币在市场的流通，严格统制外汇，在 9 月底完全肃清市场上流通的土票辅币。十六、十九、二十二专区的五县联办昆山基本区，自 8 月 1 日起开

---

① ② 山东省钱币学会：《鲁西银行货币》，中国金融出版社 2020 年版，第 173 页。

始肃清市场土票辅币，争取在年底前肃清。由大纲不难看出，至
1942 年 5 月，冀鲁豫各地普遍存在土钞流通现象。

8 月 13 日，冀南银行总行公布了《关于对付假票等工作的指
示》，要求宣传假币识别办法，调查假币流通情况。9 月 1 日，晋
冀鲁豫边区修正公布的《禁止敌伪钞票暂行办法》① 规定：一切敌
伪发行之钞票在本区内绝对禁止携带保存与行使；具体办法：第一
条，为巩固根据地金融，保护抗日本币，打击与禁绝敌伪钞票，对
敌进行货币斗争，特制定本办法。第二条，一切敌伪发行之钞票，
在本区内绝对禁止携带保存与行使，但工人工资收入及从敌占区逃
来灾难民和投诚及被俘伪军伪组织人员所携带之敌伪钞票，得向冀
南银行分行及委托之代办机关兑换冀钞行使之。第三条，军政民机
关，因特殊工作（对外贸易之使用另订之），确有携带敌伪钞票出
入境之必要者，须经政府核准，发给证明文件，始得通行。核准权
限：军政民工作人员携带伪钞出入境在 200 元以下者，由县政府核
准；200 元以上 1000 元以下，由专署核准；1000 元以上，须经边
区政府或行署核准。第四条，违反前条规定，有在本区携带保存或
行使敌伪钞票者，一经查获，除予没收外，并按其保存或携带或行
使之不同行为，酌于下列之处罚：不过 20 元者，处以 30% ~ 50%
罚金，30 元以上至 100 元者，处以 40% ~ 70% 之罚金；100 元以上
至 200 元者，处以 1 ~ 3 倍之罚金；200 元以上至 400 元者，处以
2 ~ 4 倍之罚金；400 元以上者，处以 3 ~ 5 倍之罚金；另有严重情
节者，须送司法机关，按破坏抗日金融，从重治罪。第五条，前条
所处罚金，得提奖 20%，以 4/10 奖报告人、6/10 奖查获人。无报
告人，全奖查获人。每人每次不得超过 200 元，公务人员按应提奖
金数七成发给，每次每人不得超过 100 元，余数归公。第六条，对
违法在本区保存携带或行使敌伪钞票者，军队、公安人员、民兵、

---

① 山东省钱币学会：《鲁西银行货币》，中国金融出版社 2020 年版，第 173 页。

区村公所、群众团体区民众只有查获权，其没收及处罚权，属县级以上政府，没收及罚金，并领制给凭单或收据（须用三联单，由县政府制发），以示证明。第七条，公务人员如有包庇、串通、卖放、侵吞，按贪污渎职，从严论处，民众按诈财治罪。第八条，敌占区民众行使伪钞，不加干涉，按敌区及游击区，应按具体情况，适当划界限。界限以外，只没收，不再处罚，或以冀钞兑换，而不没收；界限以内，仍按第四条规定执行。第九条，前条所指之界限，应以行政村为单位，由县政府划定，经专署批准，再经一定时期之宣传解释后，方得执行，并报告边府备案。其界限应按敌占区工作之开展情形，适时变更之。第十条，敌伪商业票据等之处理办法另行订之。第十一条，本办法公布后，以前禁止敌伪钞暂行办法，即作无效。第十二条，本办法经边区临参会驻会委员会同意后，由边区政府公布施行之。同日，还修正公布了《保护法币暂行办法》。

9月15日，冀鲁豫行政主任公署发布《冀鲁豫边区统一市场货币暂行实施办法》："宣布冀鲁豫边区内一切公私交易和各种款项收付，一律以鲁西银行钞票（以下简称鲁钞）为本位币；所有法币及其他杂钞，一律停止流通；人民持有的法币，于11月10日前向鲁西银行或代理兑换机关按七折兑成鲁钞行使；各级军政机关所存的法币，于9月30日前送交同级政府金库，按同值兑成鲁钞行使，逾期即不准按同值兑换；前已明令禁止的几种法币，不予兑换。"①9月15日～10月10日，为宣传动员准备时期，各级政府公款收入一律停止收受法币；10月11日～11月10日，为开始停止使用法币期，凡人民持有法币者，一律按七折兑换成鲁钞后行使。各级军政民机关所存的法币，限于9月30日前送交同级政府金库等值兑换鲁钞。11月11日以后，所有在市场交易的法币一律没收。该办

① 山东省地方史志编纂委员会：《山东省志金融志》（上），山东人民出版社1996年版，第135页。

法并不是在全边区施行，仅限于十八专署及十七专署所辖濮县、范县、鄄城、范寿朝阳办事处及二十三专署所辖寿张等县基本区，其他各地区均暂为准备施行统一市场货币区。

10月9日，冀南行署宣布冀南停止鲁钞流通。由于冀南与冀鲁豫接壤，冀南停用鲁钞，就意味着鲁钞不能流通到晋冀鲁豫其他区，其后冀鲁豫和冀南之间的商贸往来必须借助法币作为桥梁。11月20日，冀鲁豫工商办事处与鲁西银行联合发布了《关于统一市场货币工作的补充指示》，将强制兑换期展至11月底，12月1日起为禁止使用期。

反假斗争方面，本年度冀鲁豫区假票数量开始上升，鲁西币二元、五元券均发现假票。南乐县工商局在张果屯破获重大假票案，据报道系在济宁地区制发，经县政府审查后，案犯被处以极刑。冀钞假票情况更为严重，冀南一分区部分地方假票占市场流通量的70%以上，五角券大部分是假票，冀鲁豫与冀南接壤的地方，必定受其影响。

（四）1943 年的货币斗争

1943 年 1 月 20 日，晋冀鲁豫边区政府财政厅提出本年度奋斗目标具体为：粉碎敌人的掠夺；缩小伪钞的流通区域和范围，并使之贬值，以维持物价稳定等。

2 月 1 日，冀鲁豫行署修订颁发的《统一市场货币暂行实施办法》①的通令，在全边区开展统一货币工作。通令规定：凡公私交易款项，均以鲁西银行钞票（以下简称鲁钞）为本位币，法币无论数目多少，一律禁止行使。本办法实施地区暂定为十八专区，十七专区之濮县、范县、鄄城、郓城、寿张（范寿朝阳边在内），十九

---

① 山东省钱币学会：《鲁西银行货币》，中国金融出版社 2020 年版，第 174 ~ 175 页。

专区之观、朝等区域，其他地区暂缓施行。与旧办法比，增加了郓城等县，处罚标准也有所降低。如旧办法规定，私自携带法币500元以下者一律没收充公；501～5000元者，除没收充公外，处以携带数10%的罚金；5001元以上者处全部没收充公外，处以携带数20%的罚金；情节重大者送县以上司法机关依法惩处。新办法规定：凡私自携带法币1000元以下者一律没收充公；1001～3000元者除全部没收外处以10%罚金；3001元以上者除全部没收充公外，并处以20%罚金；情节重大者移送司法机关依法惩处。根据任村德兴货栈调查，3月7日，冀鲁豫区鲁钞对关金券1:0.06，鲁钞对伪币1:0.25，伪币对法币1:3。为了加强对敌货币斗争，排除法币，更好地贯彻执行《统一市场货币暂行实施办法》，同月9日，冀鲁豫行署颁发了《统一市场货币工作组组织办法》，训令区级以上政权成立统一市场货币工作组。同月29日，指示工商局、银行合署办公，通过建立大集市商店、集市贸易所、农村灾区合作社保证鲁钞发行，用行政力量与经济力量保证鲁钞币值稳定。在货币与物资的结合中，形成了"以发行鲁钞支持生产，又以商品支持鲁钞"的良性循环。

反假斗争方面，5月13日，晋冀鲁豫边区政府发出《反对假钞紧急指示》。① 该指示有如下要点：一是反对假票是一种群众运动；二是应向人民宣传解释，向村民进行反对及辨别假票教育；三是推广冀钞辨认所；四是做好稽查、检查工作；五是组织群众拒绝假票，对持有的假票登记缴销，打击敌人推销假票；六是破坏敌人印发贩运假票机关；七是对使用假票的人犯予以严究，对贩假奸商严刑制裁，甚至处以极刑；八是对无知行使保存假票商民，要宽大处理；九是凡查获贩运假票之机关奸犯者给予奖励；十是处理人犯的权限；十一是要通过反对假票提高冀钞信用。7月21日的冀南银

___
① 山东省钱币学会：《鲁西银行货币》，中国金融出版社2020年版，第177页。

行分行主任联席会议决议摘要中再次强调反假票斗争，应主动与全面斗争结合，并成为经常工作，以巩固本币。

自冀鲁豫根据地建立之初，便开始了反假斗争，但是，本年的反假斗争尤为突出，发现了大批假五元、十元鲁钞；对此冀鲁豫行署于 5 月 26 日颁发了《查禁假鲁钞暂行办法》，[①] 这是冀鲁豫区首次出现的反假文件。具体内容就是告示根据地群众，敌人在济南、济宁等地伪造大批五元、十元假鲁钞，企图大量盗买根据地麦子，要求严加防范，粉碎敌人此种阴谋。"通令公布的暂行办法，对制造假票者处死刑，并没收其财产之一部分或全部；贩卖假票或明知其为假票而行使者，1000 元以上处死刑、无期徒刑或 10 年以上有期徒刑，并科 3～5 倍罚金；500 元以上处 5 年以下 3 年以上有期徒刑，并科 1～3 倍罚金；100 元以上处 3 年以下有期徒刑，并科 1～3 倍罚金；100 元以下者进行教育或酌情处罚。查获假票者给以 5% 至 10% 的奖金。"[②]

据张海涵回忆：为防止假票，预先把发行的票样张贴于市，并发给各有关部门，便于识别真假。在发行一元票的时候，曾发现假票，重改版面后继续发行。[③]

11 月 13 日，冀鲁豫行署根据当时根据地已扩大 1/3 以上，统一市场货币已在几个地区成功，秋后农产品大量上市，各地均感鲁钞筹码不足，为了利用大批物资，掌握有利时机，在未完成统一市场货币地区完成统一市场货币，在已完成统一市场货币地区不致因鲁钞不足造成法币伪钞乘机侵入的空隙，决定发行面额 200 元和 500 元的鲁西银行临时流通券有计划的吸收粮食、棉花。直到 1943 年底，各专区均已取得统一市场货币斗争的决定性胜利，实现了全

---

①③ 山东省钱币学会：《鲁西银行货币》，中国金融出版社 2020 年版，第 177 页。

② 山东省地方史志编纂委员会：《山东省志金融志》（上），山东人民出版社 1996 年版，第 1253 页。

边区统一的鲁钞市场。

（五）1944 年的货币斗争

本年随着欧洲反法西斯战场及美军对日作战的不断胜利，尤其是塞班岛战役后，美军在菲律宾的登陆，冀鲁豫境内的日军相继南调，形势极为有利。根据地军民对敌发起强大攻势，收复了大片国土，从根本上动摇了大众对持有伪钞的信心，伪钞呈逐波下滑之势。随着根据地的迅速扩大，1944 年货币斗争的工作重心是新开辟地区。

在新开辟地区，仍为法币或伪钞占优势的混合市场。抗钞虽然是合法公开的，但在市场上只起辅币作用，流通范围很小，群众还怀疑，不敢持有。伪币、法币虽是非法的，但是却有市场物资的支持。广大群众对伪币、法币还存有很多幻想。新开辟地区的货币斗争大体上分三个阶段:① 第一阶段，在新开辟区不单纯使用行政力量，行政管理必须建立在经营工作的基础上；第二阶段，当新开辟的中心区抗钞已取得了物资支持，在市场上树立初步优势以后，便成了以抗钞占优势的混合市场；第三阶段，打通同老根据地的贸易关系，基本上可以长期自给，抗钞的优势已经比较巩固，对伪币、法币的关系，已经不是单纯的支付外汇，而是打通敌顽区的贸易路线，换取敌顽区物资和夺取外汇的问题。总体来看，无论对伪币还是法币，鲁钞在流通范围及比价方面均取得了巨大的胜利。

此外，反假方面，首先是鲁西银行临时流通券的假票问题。1943 年秋，冀鲁豫区发行了 200 元、500 元面额的鲁西银行临时流通券。由于面额大（当时本币最大面额是 50 元），流通券是敌人制假的主要对象。为了打击流通券的制假活动，根据地捣毁了敌伪制造假 500 元流通券的机关，处置了制假人，破坏了钞版。为了防止

---

① 山东省钱币学会:《鲁西银行货币》，中国金融出版社 2020 年版，第 178 页。

敌人利用假票掠夺根据地物资，冀鲁豫行署不得不于本年3月下达指示限期收回200元、500元临时流通券。

本年新发行的票子均发现假钞。5月，冀鲁豫、冀南两区合并，鲁钞与冀钞平原版在新区内均可流通。敌人乘机将假鲁钞投向冀南区，将假冀钞推向原冀鲁豫区，这样更容易蒙骗广大群众。尤其冀南原本就是假票重灾区，两区合并后，冀鲁豫区的反假斗争更为尖锐和复杂。为了应对新形势，鲁西银行冀南银行联合办事处采取了印发真假票识别办法、组建反假票检查组等一系列反假手段。

9月18日，《冀鲁豫日报》刊发了一篇题为《盗取根据地物资敌伪制造假鲁钞》的文章，反映九、十专区在各集市发现了很多假鲁钞，主要是买牛、买粮小贩所带，从而印证了曹州（菏泽）城内商人谈到的敌伪正在积极制造假票，利用奸商向根据地散发，以盗取根据地物资的事实。针对这种假钞的特点，文章向广大群众详细介绍了20元假鲁钞的4个方面的鉴别方法，教育大家提高警惕，增强真假币辨别知识，积极开展反假货币斗争。

（六）1945年的货币斗争

1945年冀鲁豫根据地的货币斗争总的方针和内容为驱逐法币，肃清伪钞、土杂钞和进行反假斗争。

9月16日，中共冀鲁豫一地委发出的《关于目前对敌经济斗争的补充通知》指出：在政治上已经呈现了蒋日伪的合流，在货币上伪法合流，据国特宣传，法伪同样比值，以"联合准备银行"（日）新出之金券，代替国民政府之金库券，并大肆宣传持有伪钞不要紧，中央收，以美金作后台。而敌人又收回贷款，迫使商家大批出售货物，购买伪币。同时我抗钞缺乏，新解放区工商机构尚未健全，不能迅速清除伪币。因此伪币价格上升，与法币兑换比例由20：1（8月15日）上升到13：1，甚至2：1。各县委必须足够认识到这一严重情况，将货币斗争提高到应有位置，这对于在军事上进攻大城市及交通要道也有一定重要意义。地委认为长清、齐禹、太、肥等县委，必须加强对这一工作的领导，保证专署及工商分局关于货币斗争指示的执行。

反假方面。根据郓城县政府呈文，1943～1945 年，辖区郓城县在征收款中就累计误收假鲁钞 5962 元，主要为 200 元、300 元的流通券。①

本年发行的冀钞、鲁钞均发现假票。至鲁西银行停发鲁钞止，五角以上鲁钞均发现假币。假币种类有：1 元券 2 种，5 元券 3 种，10 元券 5 种，25 元券 1 种，100 元券 9 种，200 元券 3 种，300 元券 3 种，500 元券 2 种。至日本投降前，山东济南、济宁两地发现制假窝点。

五、山东其他各区抗日根据地的货币斗争

山东抗日根据地主要包括六大战略区，分别为胶东区、滨海区、鲁中区、鲁南区、清河区、冀鲁边区（后与清河区合并为渤海区）。山东抗日革命根据地的货币斗争，除本章前文提到的外，滨海区、鲁中区、鲁南区、清河区、冀鲁边区（后与清河区合并为渤海区）等抗日根据地也在同期进行了具有相当影响的货币斗争，下面对重点区域的货币斗争情况进行说明。

（一）滨海区抗日根据地的货币斗争

山东根据滨海区有关反假货币斗争的报纸报道及对敌货币斗争应对情况很多。例如，据 1942 年 12 月 25 日《大众日报》记载：近日滨海区城头、十字路、宾等集市，继鲁中之后分别查获伪造之 5 元北海币数起，足以证明敌寇是有计划有组织地破坏我金融市

---

① 山东省钱币学会：《鲁西银行货币》，中国金融出版社 2020 年版，第 181 页。

场。滨海专员公署发出布告，提醒全区商民密切注意，免受欺骗，并指出此种假票系敌人在青口一带所伪造，其与真票有显著不同。嗣后在根据地内携带假票者，不论其行使与否，一律查明其来源，以便破获奸犯，从严惩处之。

1943年1月，莒南市面发现伪造的北海币5元券。1月18日、19日，在十字路查获三人带人伪造的北海币10万余元，将犯人移交司法机关依法处置。根据2月8日《群众报》记载：滨海各地连日发现大批敌人伪造之北海银行纸币，混入我根据地，企图扰乱我金融。据悉，此系敌寇财阀巨头三井、三菱策划下之阴谋，其伪造票已达到2000万元。

山东省战时工作推行委员会通令各地，紧急动员，展开群众性反假票斗争。北海银行总行同时公布真假北币识别办法，张贴于大小集市。

在我党政军民紧急动员下，群众性反假票斗争已广泛展开，各地现已查获散布假票之奸商多起。滨海区莒南民兵捕获奸商数名，俱承认不讳，已送政府法办。泰南区一地集市上，已查获奸商三名，搜出假票13000余元。滨海各地连日纷纷召开村民大会，深入传达真假票识别办法，动员群众协助政府缉私。6月14日《群众报》报道了日本侵略军倾销假法币的情况：近来敌占区伪钞大跌，信用日降，金融一度陷入极其紊乱状态。敌人为挽救其厄运，除通令声明伪联合准备票与日元等值，并停止军用票外，近又倾销假法币，企图鱼目混珠，掠夺人民。随后20日，针对敌区排除敌占区法币，并大量伪造法币，以侵入根据地盗卖物资破坏金融之阴谋，滨海专署采取紧急措施，发布《关于停用法币的决定》，通知各地切实执行。① 自布告之日起，粮食交易一律不准使用法币，自7月

---

① 葛志强、刁云涛、宋文胜：《山东革命根据地北海银行历史年表》，中国文史出版社2014年版，第148页。

21 日起停止市面流通。自 7 月 21 日至 8 月 10 日为兑换期，自 8 月 11 日起查出行使法币者概予没收。并指示到，军队应有计划地分组到各大村镇及集市进行宣传，税收贸易局要有计划地派干部到各县，配合当地政府召开商人座谈会，带法币到敌占区购买物资并进行宣传。各学校应组织宣传队，每日到周围集市宣传，"七·七"宣传周应将停用法币作为主要宣传内容之一。

同年 8 月 13 日，据《大众日报》报道可知，滨海区货币斗争已获初步胜利，专署为加强经济战线上的组织领导工作，特作补充指示三点：一是加强缉私检查，达到绝对停止法币流通。为此，各县边沿区建立封锁带，区中队民兵税局缉私人员密切配合严密检查，以防止法币内流，对各市集亦应指派专人检查，达到逐渐消灭法币黑市；今后凡查获无证明信件之法币一律予以没收。二是设立边沿区兑换所，负责兑换由敌占区入境之法币。三是平抑物价。据 1944 年 1 月 13 日《大众日报》报道可知，沭水（山东南部沂蒙山区）发现敌伪伪造北海票一种，系深蓝版带滨海字样园丁打水图的 10 元票。

（二）鲁中区抗日根据地的货币斗争

抗日战争全面爆发后，鲁中地区中共党组织发动武装起义，创建抗日武装，开展游击战争，为创建鲁中抗日根据地创造了条件。八路军山东纵队成立后，其一、二、四支队在泰安、莱芜一带以及沂蒙山区开展游击战争，创建了鲁中抗日根据地。1939 年 6 月，根据地扩大到临朐以南山岔店一带；1940 年底，又粉碎了日伪军 2000 余人的大"扫荡"，巩固了泰（安）曲（阜）边地区。至此，鲁中区在各地建立了抗日政权，扩大了抗日武装，打通了与鲁南、清河区的联系。南迄峄县，北至博山、临朐，东起沂水，西到莱芜、泗水的鲁南抗日根据地得到了进一步的巩固和发展。1941 年 4 月，山东分局决定成立中共鲁中区委，统一领导鲁中党政军民的抗日斗争。1942 年，日军对鲁中区实行拉网合围大"扫荡"。我八路军主力部队打入敌后，粉碎了日伪军的"扫荡"，坚持了根据地的抗日斗争。

与此同时，我八路军主力部队加强根据地建设，开展减租减息和大生产运动，发展抗日武装，以渡过难关。当时，山东各地发现的假北海币四五十种，北海银行几乎每发行一版北海币，随即就会出现该版别的假钞，且数目很大。当时根据地的报纸经常报道有关假币的消息。根据 1942 年 10 月 30 日《大众报》记载：自我停用法币，敌伪在经济上受到很大打击，北海币的信仰与价值大大提高。敌伪奸徒为了进一步扰乱我金融，破坏北钞，现在各地发现许多假北海票。（1）现在发现 10 元的假北海票多是我们"村"字的一种。（2）伪造 5 元的北海票多为蓝色"繁"字的一种。（3）单元假票多是以前北海银行所印"掖县县政府"那种花纹和"南海"字的。据《大众日报》记载：12 月 23 日，鲁中近发现大批假造之 5 元北海票，其与真票区别如下：（略）。此显系敌奸为扰乱我金融，破坏我根据地经济建设所伪造。现我各线党政军民及税收机关，正严格追查并一律禁用；12 月 27 日，蒙阴敌寇以近三百万元向我根据地收买粮食、棉花。其中 100 万元即系近日发现之伪造蓝色 5 元北币，其破坏我金融之毒辣阴谋可以想见。

1943 年，恢复和开辟了鲁南的新区，扩大了鲁中根据地。1944 年打通了同鲁南、鲁西抗日根据地的联系。此后，八路军发起攻势对日作战，扩大了解放区。

（三）鲁南区抗日根据地的货币斗争

抗日战争全面爆发后，中共山东党组织领导了滕县、峄县等地武装起义，开展创建根据地的工作，并于 1938 年 5 月成立了鲁南人民抗日义勇队第一总队。1939 年 5 月，八路军一一五师直属队一部及东进抗日纵队第六支队第七团由鲁西先后进入泰安、泗水、宁阳边区，接着又向费县西北一带发展。7 月，八路军一一五师六八六团由湖西区进入鲁南，开辟了邹（县）滕（县）边区。9月，八路军——五师主力向泗水、滕县、费县、峄县、临沂地区挺进，与鲁南人民抗日义勇队第一总队会合，开辟了费、峄、滕边区和郯城、马头镇地区，创建了以天宝山为中心的鲁南抗日根据地。接着，向东发展，开辟了临沂、郯城、赣榆地区，向西发展又开辟了邹县、滕县、曲阜、泗水地区，至年底，鲁南区打通了同滨海、鲁中、湖西、鲁西的联系。至此，北起莒县、南至郯城、西迄临沂、东至海州湾的鲁南区委统一领导根据地内的党政军民工作。该根据地人民坚持与日伪军作战，粉碎了日军企图控制山东东南沿海的企图，扩大了根据地，为迎接抗战胜利奠定了基础。

在山东各区开展货币斗争的同时，鲁南区也发现了大量的假北海币。对此，一方面，山东省政府及时公布了处理伪造及行使伪造北海币暂行办法；另一方面，北海银行总行也发布了相关行使伪造北海币奖励暂行办法。[1]

（四）清河区抗日根据地的货币斗争

1937年12月27日，中共山东党组织在长山、临淄的黑铁山发动抗日武装起义，建立了山东人民抗日救国第五军。1938年春，起义部队发展到6000余人，后整编为八路军山东纵队第三支队，开展敌后抗日游击战争。清河抗日根据地基本形成。1938年底，八路军山东纵队成立，统一领导山东地区各游击队。1939年春，第三支队粉碎了日军对小清河南部地区的围攻，坚持了该地抗日斗争。1940年2月，该部派出主力部队进入博兴、高苑地区活动，粉碎了日军对博兴、广饶、临淄地区的"扫荡"，清河流域包括利津、博兴、广饶、高苑组成的清河抗日根据地得到了巩固发展。1941年1

---

[1] 山东省钱币学会、孙守源：《山东革命根据地货币史》，中国金融出版社2009年版，第268~269页。

月，山东分局决定成立中共清河区委，统一领导根据地军民的抗日斗争。1941～1943 年，清河区军民粉碎了日伪军发动的多次"扫荡"和"蚕食"，根据地军民与日寇进行了长期的斗争。

1943 年 1 月 30 日，《群众报》刊载的专论《北海银行清河分行行长王有山论展开对敌 1 月 30 日货币攻势》指出：不少同志及大多数群众对货币斗争的重要性认识不足，他们以为抗日就是以枪炮来打，还要用什么麻烦的货币斗争呢？他们不了解除武装与政治对敌斗争形式外，还有各种辅助的斗争形式——经济斗争便是其中重要的一种。只有对敌伪经济斗争的配合，我之武装斗争与政治斗争才能取得完全胜利，这是显而易见的。根据今天的形势及我们工作的发展，继续开展对敌货币攻势，是当前对敌经济斗争中的中心任务，因此特提出以下意见：首先，在思想上动员起来，使广大群众及工作同志都认识对敌货币攻势的重要意义。要使对敌货币攻势真正造成群众运动，打破过去的轻视与不正确的观念，并且只有与政治的、军事的斗争有机配合，才能粉碎敌人以战养战的经济阴谋。其次，为制止法币倾销及物价腾贵，法币要实施续折，一直到法币的停止流通。对敌伪钞及伪北钞与杂钞要坚决予以没收及禁绝使用。为要取得货币攻势的胜利，必须积极地增加生产，减少货币流通量，一切必需品求得自给自足，则北钞既可以提高，群众生活也必能得到改善。

2 月 14 日，北海银行清河分行发布通告明确清河区主任公署的决议：为了对敌作货币斗争，自本年 2 月 25 日起，法币实行五折，所有公私款项及市场交易一律以本位币（北海钞）计算，业经布告周知。

9 月 9 日，北海银行清河分行发出积极开展货币斗争的指示，[①]

---

① 葛志强、刁云涛、宋文胜：《山东革命根据地北海银行历史年表》，中国文史出版社 2014 年版，第 151～152 页。

加强对敌货币斗争。一方面，对货币斗争应有三点认识：一是货币工作在对敌经济斗争中占重要地位，经济又是政治的基础，所以货币工作做不好，其他工作就受到影响。二是加强税贸工作的领导是货币工作的主要环节。三是加强生产建设工作（尤其是农村副业产品的制造），提高生产效率，保证货币工作的胜利。另一方面，今后的具体工作安排更为详细，涉及13点内容：（1）贯彻法币五折，提高本币价值，俟发行本币足够流通时，即停用法币。本行现阶段的工作计划，都照此原则具体布置工作，向此目标迈进。（2）主动配合税局，加强稽征网干部，增强其对货币工作的认识，严禁法币入境。（3）配合贸易大量储存日用必需品，纠正唯利是图的错误观点，统制对外贸易，加强商会领导，禁用洋布奢侈品等，提倡代用品，使贸易工作在货币斗争中起应有的作用。（4）大量贷款发展生产事业，增加根据地内生产，如纺织、油坊、编织、晒盐、造纸、产硝、熬碱、制烛、肥皂等。[（5）、（6）、（7）从略]。（8）组织金融宣传队，普遍宣传我们的政策法令，使群众彻底了解货币斗争的意义。（9）设立流动兑换所，配合各机关、部队在各市场纠查法币，并负宣传教育之责。（10）严禁敌伪钞，取缔杂钞，反对假钞，按主署颁发之行使伪造假钞之奖惩办法，切实执行。（11）凡商人自愿持北币到银行兑换法币，银行给予自愿兑换证者，各级银行应负责见证换给法币，并配合政府发给出境证。如商人带有出境证在根据地内行使法币者，须加倍处罚。（12）展开敌占区货币工作，将本币推行到敌占区及转化区，以扩大我金融阵地。（13）银行干部要多赶集，了解市情及检查法币与假本币，以资进行货币斗争工作。

据清河区委的《群众报》9月18日报道记载：敌人推销来的假北钞有"山东"字蓝色十元的和五元的、红色五元的和蓝色二元的，"北"字一元的，"清"字一元的，"清"字五角的，四边五角的，清河二角的九种。10月9日清河主署发布布告，明确取缔法币，定期停用法币，为彻底禁绝法币危害，本署觉得自本年 11 月 30 日起，根据地内一律停用法币，不论多少，概不许用。考虑到人民困难情况，一律自 10 月 10 日起，各家所存法币，准予到各地银行兑换所按市价兑换本位币使用。

1944 年 1 月，因清河区、冀鲁边区的特殊地理位置，清河区与冀鲁边区合并成立渤海区。此时期仅见《清河区五年工作总结》（1944 年 6 月）中披露 1942 年清河区成功反假本币 10 余种，未见此时期二区的其他反假斗争报告与假票案例。从清河区 1942 年初的辛庄事件中我们知道，清河印钞厂的铅印厂遭袭击，钞版及人员被俘获。因此，敌方印制了大量假票投向根据地，因与真票无异，反假的难度极大，故根据地只能采取更换票版发行新北海币并逐步收回旧票的反假办法。

（五）冀鲁边区抗日根据地的货币斗争

1938 年春，冀鲁边区人民抗日武装斗争在中国共产党的领导下有了较大发展，5 月，八路军第五支队和津浦支队挺进冀鲁边区，开辟、巩固和发展了抗日根据地。9 月下旬，一一五师三四三旅政治委员萧华率旅机关一部，进抵乐陵，将当地抗日武装整编为八路军挺进纵队，萧华任军政委员会书记兼纵队司令员、政治委员。纵队下辖津浦支队、第五支队、第六支队。至 1939 年 3 月，平原、禹城以东，惠民以西，沧县以南，徒骇河以北的冀鲁边抗日根据地基本形成。1941 年 4 月，山东分局决定成立中共冀鲁边区委，以加强对抗日武装斗争的领导。由于冀鲁边区处在艰苦的斗争环境中，加上冀鲁边分行印钞设备落后，所印的北海币较粗糙，当年冀鲁边区为假币的重灾区是肯定的。由于敌部用俘获的工人及票版印制了大量假票投向根据地，使之与真票无异，反假的难度极大，故根据地只能采取更换票版发行新北海币并逐步收回旧票的反假办法。

（六）渤海区抗日根据地的货币斗争

鉴于冀鲁边区与清河区两区联系已经打通，为适应新的斗争形势，经中共中央北方局批准，1944年1月，中共中央山东分局和八路军山东军区公布：清河与冀鲁边两区合并成立渤海区，建立渤海区委、八路军渤海军区。景晓村任区党委书记兼军区政委，王卓如任副书记，杨国夫任军区司令员，龙书金任副司令员，刘其人任行署主任兼军区副政委，李人凤任行署副主任。在局部反攻和大反攻中，渤海区军民积极与日作战，使根据地得以发展。3月，清河行署工商管理总局、冀鲁边区部分工商机构合并成立渤海区工商行政管理总局（1945年8月改"渤海区工商管理局"），主要负责根据地的货币、税收、贸易、专卖、盐务及军需民用物资的经营与管理，是渤海区党委的经济工作部门，是根据地实施工商行政管理和领导抗日军民对敌经济斗争的总机关；同时渤海区行政公署成立。北海银行清河分行、冀鲁边分行合并成立北海银行渤海分行。渤海分行成立后不久就并入工商行政管理总局。渤海分行一改往昔之颓势，不断引进先进的印钞设备，提高印钞工艺，更换票版，印制了渤海地名北海币。这一举措增加了制假难度。加上工商行政管理总局缉私队及检查站的堵截与检查，渤海区市面假票几乎绝迹。

在工商行政管理总局的领导下，反假斗争进入了新阶段。此期间，有关假票的报道仅两则，且均为伪造本票。据1944年渤海区委的《渤海日报》报道记载：8月27日，北海银行本票一百元之红色版，近发现假票，其识别最易者为颜色淡，花纹模糊，号码字体大而笨，印刷不清等。希各地群众严格注意，不要使用，并即应追究使用者之来源，送政府法办。12月23日，据博蒲报告提示到，带有白十字地子的百元本票，发现假票，已由县政府通知各区严厉反假，本行唯恐假票流行各地，为害非浅！兹将该假票特点公布，希各界鉴识，广为宣传，杜绝假票流通市面，勿使危害商民为荷！

（七） 典型案例

由于山东革命根据地为抗战斗争作出的努力具有相当的复杂性和艰巨性，现补充说明两个案例。

第一，鲁中区、滨海区、鲁南区（以下简称"三区"）的反假斗争。除了根据地实行北海币分区发行限区流通的货币政策期间外，三区基本上使用同版北海币，反假情况大同小异，故合并介绍。根据我们的调查，三区反假斗争的史料较胶东区少多了，尤其是这一时期，很少见三区单独的反假斗争或制贩假案例介绍。但是，这并不意味着三区没有制假贩假现象。我们从一些当年的文件中可以一窥端倪。

首先披露假币的是黎玉主任委员在山东省临参会一届二次大会上的施政报告。[①] 报告指出："敌人为破坏我金融，1940 年在鲁中即发现两种伪造北票。1942 年内复有计划、有组织地在各地区伪造北海票多种，利用奸人向我根据地行使。在我们的宣传查禁、建立识别所等办法的打击下也均先后绝迹。在胶东曾破获大伪造假票犯五起，滨海、鲁中亦查获数起。"其次是《北海银行总行推行新钞宣传大纲及三个附件》（1941 年 4 月 1 日）的附件三。该附件间接透露了一种民国二十九年火车轮船二角北海币假票。真票系一纵在鲁中印制，流通于三区。据该附件介绍，假票比本币的纸质要低劣柔薄；假票的号码往往都是重复的；本币二角周围是网丝状，轮船小旗是黑色，假票二角周围是点状，轮船小旗是白色，其他各种花纹也模糊。附件三是目前已知的山东根据地最早的指导性反假文件。虽然此时北海银行总行还未领导全省各地的银行机构，但由于北海银行总行归战工会直接领导，总行发布的这个附件对全省各地的反假斗争都具有一定的指导意义。北沂水属于鲁中区发现的假票

---

① 山东省钱币学会：《北海银行货币大系》（下），齐鲁书社 2015 年版，第 698 页。

则是仿胶东北海银行发行的民国二十七年加"北"字石庙一元券。该假票可能是由胶东区流入的。1941年春季，北海银行总行发行了民国二十九年红五元券，秋季发行了民国三十年蓝五元券，据后来的报道，此两种券均发现大量假票。估计1941年就有此两种券的假票出现。

这时期的反假策略之一，"是在现有设备的条件下，尽量提高印刷工艺"。[1] 早期北海银行印钞机主要是小石印机和铅印机，很容易被敌人伪造。为了便于识别真假，北海银行除了在票版上设计暗记外，还在印票子时充分发挥工人的智慧和技术，力求印出质量最好的票子。这样，在同等技术设备条件下印出的票子，赶不上北海银行印得好的，就可以看出是假币。而用胶版机等比北海银行好的设备，印制得比真北海币好的票子，也可以明显地看出不是真币。1943年9月15日，滨海区工商管理局成立；10月，鲁中区工商管理局成立；11月，鲁南区工商管理局成立。滨海工商管理局成立后，滨海区各县已建立的银行办事处均撤销，金库移交给县府财政科人员撤回。鲁中区工商管理局成立后，鲁中支行及各专署设立的办事处亦均撤销。鲁南工商管理局成立后，鲁南支行及各级机构并入工商管理局。此期间，工商管理局不仅领导反假斗争，而且直接参与反假斗争。当时制假和倾销假币的主体是日伪集团，根据地内制假的极少，绝大多数假票来源于日伪占领区。三区工商管理局利用其缉私队、检查站，成功地将大多数假票堵截在根据地大门之外。工商管理局领导货币斗争取得巨大胜利，其中就包括反假斗争的胜利。所以这一时期三区内查获的假票案例及假票的数量极少，与上一阶段动辄查获百万元以上假票案有天壤之别。

第二，沂蒙地区的土杂票斗争。抗战时期，沂蒙地区发行的土杂钞主要由国民党顽军和地方士绅控制的武装力量印制。在沂蒙地

---

① 山东省钱币学会：《北海银行货币大系》（下），齐鲁书社2015年版，第698页。

区影响较大土杂票有以下几种：第一种，吴化文"庆仁号"临时兑换券。1943年1月18日吴化文率部投降日寇，任伪和平建国军第三方面军司令。"庆仁号"临时兑换券沦为伪币。1944年2月11日，八路军博莱独立营二中队夜袭吴伪设在北麻（今沂源境内）的石印局，俘获全部人员，彻底摧毁其印刷伪钞的石印设备。"庆仁号"临时兑换券寿终正寝。第二种，秦启荣"利源号"钱帖。1942年初，鲁中进入抗战最困难时期，为了盘剥农民，搜刮给养，榨取财富，继续维持反共反人民立场，秦启荣设立了利源商号，发行的"利源号"钱帖分为5元、10元两种面额，共两种版式。第三种，"建国钱局"兑换券。第四种，高密"同祥号"钱帖。"同祥号"钱帖为伪高密第七区区长郭祝庭主政时期发行的乡村商号。"同祥号"也就成了为虎作伥、巧取豪夺、提供军饷的敛财工具。第五种，红色商号票。

沂蒙抗日根据地红色政权和军队，在抗日战争的困难时期，出于策略也曾发行过红色商号票以及使用过受八路军山东军区内部控制的灰色钱庄票，这在浩瀚的土杂票中，只是偶然事例。红色商号票出现的背景：一是1943年7月鲁苏战区长官部率东北军撤出山东，八路军抢占时机迅速控制了鲁中山区和滨海地区，尤其是打通了沂蒙抗日根据地与胶东抗日根据地的联系，极大地扩充了沂蒙抗日根据地的规模，迎来了根据地建设的新阶段，货币需求量剧增。二是1943年初，薛暮桥途经沂蒙抗日根据地去延安，被中共山东分局挽留在滨海，主持山东的经济工作，在此创立实践了"物资本位说"。其中有一条原则：当物价下跌，就增发货币，购买物资，使物资自然回升，但是市场瞬息万变，加上战争年代本币的生产、配送受限，导致根据地金库很少库存，不足以保障物资收购。三是1943年工商管理局设立后，各地工商局先后成立，担负起了根据地的货币斗争、贸易管理、生产建设三大任务，工作的重点表现为停用法币、统一税收，实行专卖，在重要集市设立国营商店，这一切都离不开资金的运用和货币的调剂，在这一过程中出现了小额本币的严重短缺，共产党人讲求的是效率，所以在沂蒙抗日根据地特别是滨海区出现了根据地工商管理局和国营商店发行代用券就不足为奇了。

根据地工商系统发行的土杂票是沂蒙根据地货币发行史的一条明线，沂蒙根据地发行土杂票还有一条暗线，这就是八路军山东军区滨海军区后勤部系统利用游击区的爱国商人合伙到敌占区做生意，发挥他们的人脉、渠道、手段，利用他们土杂票系统，用来为我军采购紧缺物资，"抓经济收入"。石臼所、涛雒两地在今日照市，当时均为日寇据点，涛雒的贸易方向主要面对上海，石臼所主要面对青岛，这里既成为了敌我贸易双方的票据交换中心，又是货物的结算中心，根据地本币敌占区不认可，伪币贬值太快，所以经过伪装的民间贸易结算就用上了当地信用较高的土杂票。它是根据地面对通货膨胀侵害时的一种次优选择。这些门头票在对敌贸易中履行了它的货币职能，尤其是通过调剂币种，支援华北、陕北抗日根据地，渡过经济困难时期，作出了突出的贡献。

"1943 年秋，八路军前方总部协调，晋冀鲁豫边区工商管理总局负责，利用上海、天津、青岛的商业网点，据估算，一年多的时间里，苏北、山东先后给太行山区汇来敌伪'中国联合准备银行'的伪币和部分货物，折合起来约 800 万元。按当时的物价折算，此款可购买 160 万袋面粉。说明这批款是华中根据地边沿地区的商号向根据地税务机关交纳的税款。商号与上海的银号、钱庄有经济往来，所以用的是由钱庄签发的庄票，凭这个票可到指定的钱庄提取现款。"① 其中有一点误解，就是认为款项全部来自税收，实际上沂蒙抗日根据地的大宗款项，来自垄断商品的输出贸易，譬如食

---

① 王晓平：《抗日战争中的一场秘密调款"战役"》，载《共产党员》2013 年第 1A 期。

盐、花生油等。

抗战期间，沂蒙地区土杂票不可悉数，它是沂蒙抗日根据地创立、发展过程中经济斗争的外在表现，反映了抗日根据地货币斗争的尖锐性和复杂性。

六、统一的北海币市场在全省的建立

在抗战期间，北海币发行初期只是作为法币的辅币使用，并非本位币。当国民党大肆印发法币时，北海币随之大幅贬值。此外，大量假币、日伪币、土杂币在根据地的流通，扰乱了货币市场秩序。因此，净化全省的货币市场、稳定货币市场秩序是革命能取得胜利至关重要的一环。由此，确立北海币在全省根据地的单一本位币地位是革命势在必行的，这就需要在结合实际的基础上，进行停法、排法、反假、禁伪的货币斗争。

（一）停法、排法货币斗争

抗日战争全面爆发后，法币严重扰乱了根据地的经济秩序。针对这种情况，时任中共山东分局政策研究室主任的薛暮桥与负责山东财经工作的艾楚南、北海银行行长洒海秋反复讨论后，大胆提出：要稳定根据地的币值、物价，唯一办法只有驱逐法币，使抗币能够独占市场。在此基础上，1942 年 5 月～1944 年 4 月，山东根据地进行了两轮排法斗争，最终取得了胜利，确立了北海币作为山东根据地本位币的地位，根据地的高物价和物资外流问题得到了显著缓解。具体如下：

第一，第一次排法斗争时期（1942 年 5 月～1943 年 6 月）。

这一阶段的特点是：北海币与法币间按照一定的比价使用，由于敌对势力将大量贬值的法币推向根据地，导致根据地物品价格上涨，迫使根据地进行排挤法币的斗争活动；由于认识和经验不足，进行排法的第一次斗争活动失败了，北海币继续贬值，根据地物价指数高于法币区和被占领区。抗日战争全面爆发后，国民党政府发行了大量法币弥补赤字，导致法币区通货膨胀不断加剧，锚定的北海币迅速贬值。法币的大幅贬值和流入，对根据地的经济产生了严重影响。面对严峻形势，山东省战工会决定在根据地开展取缔法币的斗争。

1942 年 1 月，山东省战时工作推行委员会指示，各地区应迅速确定以北票及民主政权所发行之纸票为本位币，对法币实行七折、八折、九折等使用；1942 年 5 月 29 日，中共山东分局财委会发布《关于法币问题的指示》，① 决定"限制法币流入和物资流出，对法币由折价使用到逐步停用，使北海币开始脱离法币"，明确要求在全省范围内折价兑换法币，将北海币确定为本位币，开始展开对敌金融斗争。

7 月，山东省战时工作推行委员会又召开扩大财政金融会议，部署货币战。事实上，胶东区的货币战争早就已经开始了。自 1942 年以来，日本侵略者一直在向胶东倾销法币，导致该地区物价飙升。面对日本侵略者的法币倾销，胶东区开始停止接收大额法币，并要求使用法币 20％ 的折扣。9 月，要求东海和北海停止所有法币的流通。根据调查：在栖东地区，一百元、五十元法币钞票贬值了二十元到三十元；在东海地区，民众已在使用中将法币价格下调到40％ 到 80％。1943 年 4 月，要求西海区也停止接收，南海区实施二折。1943 年底，胶东区排法币斗争基本成功。胶东区之所以取得成功，一个重要的原因是当时它是一个相对富裕的地区，日本侵略者将它作为法币重点倾销区域进行掠夺，"敌曾以轮船载入大批法币，到荣成各市镇和文登东部地区，用购货方式进行推销。五垒岛

----

① 山东省钱币学会、孙守源：《山东革命根据地货币史》，中国金融出版社 2009 年版，第 10、181 ~ 182 页。

是个很小的镇口，在七、八、九月份内，由南船带进的法币达数百万"，"敌人在石岛船上一次就卸下了一百万法币"。① 这导致胶东地区法币持续下跌、物品价格飙升，特别是真假法币混杂，给根据地和人民造成了重大损失。北海币在胶东区发行流通时间长，信用突出。因此，在意识到打折使用无法遏制损失时，他们坚决决定停止使用法币，人民欣然接受了这一停用，从根本上切断了法币与根据地间的联系。

但总体而言，在第一次排挤法币斗争中，除了胶东地区的成功外，其他根据地的法币禁令仍在继续，但都失败了。调查其内部原因：首先，许多人担心北海币没有黄金、白银和外汇储备，如果它完全脱离法币，其价值就会失去保障；其次，北海币的发行量太少，无法满足市场流通需求；再次，斗争方法不符合市场规律，如不根据法币的实际市场价格设定强制性汇率、不及时调整外汇，致使黑市无法控制；最后，政府机关执行不力，未能调动其控制范围内的经济权力、对人民群众的宣传和解释力度不足，也是失败的主要原因。滨海区是当时山东省战时工作推行委员会所在地，部署于1942年8月1日开始，以北海币为本位币。从8月15日起，对法币以50%使用，五百元以上的法币不得进入根据地。然而，该法颁布后，效果并不令人满意。民众对"鬼子打击法币，八路也打击法币"不明白，宣传动员不到位，民众兑换也不方便，即使是军事和政治机构也仍在使用法定货币。到12月，滨海区不得不再次部署，但仍未决定停止使用法币。自1942年10月以来，清河区颁布法令，宣布北海币为本位币，但法币20%的折扣（1943年2月15日起为50%的折扣）兑换并没有取得显著成效，清河地区也因使用假北海货币而受到日本伪政府的大量倾销。鲁中区的情况基本相

---

① 魏建：《金融渗透与国家能力：北海银行的经验》，载《中国经济史研究》2023年第2期。

同。直到 1943 年上半年，由于物资继续从根据地流出，这种情况没有明显改善。1943 年法币的物品价格比 1942 年上涨了五倍，情况继续恶化。

第二，第二次停法、排法斗争到抗战胜利（1943 年 7 月～1944 年 4 月）。

这一阶段的特点是：在总结第一次排法斗争经验教训基础上，我们又一次发动停用法币、排挤法币斗争活动，取得了最终胜利，确立了北海币在根据地的单一本位币地位；北海币货币价值逐渐上升，以北海币为本位币的根据地成为山东物价最稳定的地区。又一次进行停用、排挤法币斗争，确立了北海币单一本位币地位。

为了扭转这种局面，中共山东分局和山东省战时工作推行委员会再次部署，发动了第二次斗争。这一次，不仅部署全面，还有一位专业领导者——薛暮桥。1943 年 2 月，应山东领导的要求，经济学家薛暮桥来到山东工作。上次排法斗争之所以失败是因为在斗争中法币流通并没有立即、彻底、全面禁止，而只是限制其使用的策略。然而这并不能消除法币波动对根据地金融市场的影响。薛暮桥等经过研究分析，提出了坚决停止使用法币等一系列对策。1943 年上半年，胶东的西海、南海和鲁中的沂蒙区，也相继停用法币。胶东在停用法币后，本币顿感不足，决定发行定额本票，计分 100 元、500 元、1000 元三种，累计发行 839.9 万元。此时货币斗争尚未成功的地区，对法币还在折用、限用，大量法币停留在根据地内，不能消除通货膨胀。本币币值不一，地区间相差两三倍，商人利用差额投机，日伪也怂恿商人从币值低的地方收集北海币（企图造成空隙，便于推行法币和伪钞），拿到币值高的地方使用（造成北海币壅塞，刺激物价上涨）。为避免蒙受重大损失，1943 年夏北海币改为分区发行，票面加印"滨海""鲁中""鲁南""胶东""渤海"字样，分区流通。

6 月 20 日，滨海专署也发布停止使用法币的通知，还明确了六点要求：一为法币自 7 月 21 日开始，停止在市面上流通。二为分两个阶段兑换，7 月 21 日至 31 日，法币与本币 1∶1 兑换；8 月 1 日至 8 月 10 日，法币与本币 2∶1 兑换；自 8 月 11 日起，查出任何使用法币的，都将被没收。三为必须提供对外贸易使用法币的证明，并在银行完成兑换。四为广泛设立临时兑换所。五为加强检查和封锁措施，对抓获人员给予奖励。六为各级政府应成立停止使用法币委员会，由各级主要领导负责，村由村政委员会负责，进行广泛深入的动员和宣传，组织各界讨论停止使用法币的原因和方式。

直到 7 月 9 日，中共山东分局发布了《关于停用法币的指示》，① 在山东抗日根据地展开第二次停法、排法斗争。"停法"，不仅是民主政府的法令，也是我们党的政策，全体党员必须确保其成功实现。任何违反停止使用法币的法令的党员，不仅会受到政府法规的制裁，而且要受我党党纪的制裁。具体方法包括两点：一是从政府宣布停止使用法币之日起，所有党员不得使用法币，也不得收受法币。如果他们看到别人使用法币，要依法没收并移交给政府。为使全体公务人员、战士、干部都能做到这点，政府财政和部队供给两机构机关不再被允许把法币发到下面去；并指示各级政府机构和部队在 7 月 20 日以前将以前由公家和私人所持有的法币发送给银行，以市场价格兑换本币。如果到期未更换，将按照政府规定处理。同时，要防止从市场上购买法币并将其送往银行兑换当地货币的投机行为。如果发生这种行为，应该作为腐败行为受到惩罚。二是在停止使用法币以后，如果军事和政治机关需要从外部购买物资，必须按照政府指定的比例去银行兑换法币或者伪币，如果他们通过出售材料获得法币、伪币，还应按照法定比例将其兑换成

---

① 葛志强、刁云涛、宋文胜：《山东革命根据地北海银行历史年表》，中国文史出版社 2014 年版，第 149～150 页。

当地货币。不准贪图小利私自买卖法币伪币,更不准与黑市交易,国营商店、政府机关和军事单位的所有生产和贸易人员都应严格遵守政府法律法规,不得恃势横行。领导机关必须切实检查督促,防止此等不法行为,如果故意纵容,同样应受法规和党纪的制裁。随后,鲁中区于同年8月、清河区于同年9月也进行同样的部署,开展了轰轰烈烈的停法运动。

由于采取了有效措施、精心部署和有利的外部环境,第二次停法与排法迅速取得了显著成效。8月13日,《大众日报》发表了关于滨海货币斗争已获初步胜利的报道及关于贯彻货币斗争、巩固已得胜利的社论。在根据地第二次排法斗争中,山东根据地各级政府普遍成立"停用法币委员会",加强打击排法活动的组织领导和政策宣传;党政机关和党员干部带头禁止使用法币;货币兑换站一般设在各城镇,在规定时间内兑换法币;严厉查处非法使用法币的行为;加强外贸管理,组织从沦陷区出口法币回购货物。

薛暮桥说,早在1944年2月,山东各根据地就基本完成了停止使用和贬值法币的任务,取得了消除通货膨胀、降低物价、增加北海货币价值、防止物资外流、交换物资以达到控制外贸的目的与效果。

1944年4月,山东根据地宣告停法、排法斗争取得胜利。

(二) 反假、禁伪斗争

在确立本位币的过程中,除了停法、排法斗争外,还在同期进行反假、禁伪斗争。

自北海币诞生以来,打击假币的斗争一直在进行,从未停止过。在抗日战争之前,有许多反对民间的不法分子制造和使用假冒商品的斗争。抗日战争期间,为了扰乱根据地的金融市场,日本和伪军广泛印制了假冒的北海币。如1943年2月8日《群众报》载:

"滨海各地连日发现大批敌人伪造之北海银行纸币。据悉,此系敌寇财阀三井、三菱策划下之阴谋,其伪造票已达两千万元之多。"抗日战争胜利后,国民党为了配合其军事进攻战略,生产了大量假冒北海币,并将其猖狂地运往解放区,有的特务人员直接化装成商人或车夫,将假币装在货物内,运向解放区推销。为此,当地政府广泛推广识别假币的方法,深入动员群众打假;通过银行和代理机构协助识别假冒货币;检举揭发者将获得丰厚奖励,生产和销售假冒货币者将受到严厉惩罚。这些措施是有效的,假冒货币的生产和贩运在一定程度上得到了抑制。

在与日伪币斗争方面,一方面,根据地政府全面取缔日伪币,敌人推广假币和收集硬币是他们经济攻击的最卑鄙手段……各级政府发布了明确通知,禁止使用和购买假币,对使用假币或盗取硬币的人应依法依情节轻重予以处罚;另一方面,大力宣传使用日伪币的危害,呼吁公众支持北海货币,自觉抵制日伪币。

在与土杂币斗争方面,根据地政府颁发了一系列禁止使用命令,灵活开展比价斗争,利用限期回收、代为兑换、交押金等方式强制清理土杂币。

通过上述措施,根据地的日伪币和土杂币被逐步排出,根据地的货币环境进一步净化。

(三) 全省货币完全统一

山东各革命根据地的货币斗争的胜利为全省北海币的统一流通奠定了基础,但是由于各区斗争进度不一,形成了币值的差异。为实现全省货币的统一流通还必须逐步地调整各区物价,使其趋向一致。

山东根据地排法斗争胜利后,根据地的绝大部分成为北海币统一市场。几个地区的物价均下降1/3~1/2。1944年6月,黎玉总结道:如果我们继续保存伪钞法币,我们将在不知不觉中损失5.4

亿元，这数额相当惊人……这样一个进出，我们所保护和交换过来的物资应超过 10 亿元，对根据地军民来说也是一项巨大的成就。北海货币成为山东抗日根据地本位货币后，建立全省统一的北海币市场被提上了日程。北海币在不同地区的发行和流通已经不再适应新形势的需要。根据当时的情况，1944 年 8 月开始，鲁中、滨海、鲁南三区率先实现了统一与流通。12 月中共山东分局又进一步部署胶东、渤海两区的货币统一工作。由于两区的币值相差较大，工作的难度也随之增加，但调整工作还是取得了一些进展。

1945 年 6 月召开的全省工商工作会议再次认真讨论了货币统一的问题，会议认为货币统一的时机已经成熟，应加紧进行工作。[①] 会后，各地加快了调整步伐，渤海、胶东物价很快与鲁中南三区趋向一致。6 月 30 日，中共山东分局财委会发出的《关于今后对敌经济斗争的指示》，[②] 提出配合军事、政治上的胜利，确定了对敌经济斗争的总方针就是要围绕配合军事政治胜利，掌握有利时机，实行经济上的主动进攻，即继续压缩伪钞，扩大本币的流通范围，与敌争夺物资，准备反攻需要；同时，我们将获取重要物资，争取优惠汇率，在对外贸易中占据有利地位，促进各地区间物资交流，进一步统一全省货币。

此外，还规定了与敌人进行经济斗争的三项具体措施：第一是配合政治攻势打击伪钞，呼吁沦陷区人民拒绝使用伪钞，将基地机关的所有交易限制在当地货币范围内，并对使用伪钞的收支采用"外汇登记"的方法。第二是从敌占区吸收大量物资，将当地货币扩大到敌占区，与敌人争夺物资。第三是发行大量本币，争取全省货币完全统一。

---

① 山东省钱币学会：《北海银行暨鲁西银行货币图录》，齐鲁书社 1998 年版，第 30 页。

② 葛志强、刁云涛、宋文胜：《山东革命根据地北海银行历史年表》，中国文史出版社 2014 年版，第 177 页。

8月1日，山东省战时行政委员会发布的由主任委员黎玉签发的财字第 22 号《统一本币流通令》①中明确指出，随着近年来我对敌军事经济斗争的巨大胜利，我山东各根据地基本上已打破过去的分割状态，货币斗争亦已普遍胜利。为全面调剂物资，稳定财政，统一节奏，更有效地开展今后的对敌经济斗争，决定全省各地区发行的北海币一律统一流通，不加区分；过去在全省各地区发行的地方流通券应立即停止在市场上流通，发行机关应负责在规定时间内兑换。全省本币统一流通，政府暂不公开宣布，希各级党政军民接此通令后，立即传达所属各部门，遵照执行，并自行商定具体实施办法为要。8月13日，山东省战时行政委员会改称山东省政府，黎玉任主席，省政府发布工字第一号命令涉及"有关货币问题"的指示公告，明确指示，为全面调剂物资、促进金融流通，已决定北海银行过去在全省各地区（滨海、鲁中、鲁南、胶东、渤海）发行的本币今后将不分地区统一流通。一方面，该命令明确指出了北海币为唯一合法的本位币，一切收支来往账号、票据均须按本币市价计算，要求商会、银号、钱庄立即执行。立即停止收兑伪钞，亦不没收，任其自行消灭，在本币不够流通时，人民使用法币暂不没收，并可低价收兑法币。另一方面，它还明确表示，城市所需的大量本币将立即调整，胶东和鲁中各增发 10000 万元，其他地区增发 5000 万元。立即扩大银行员工规模，接管市印务局，开展出其不意的印票活动，并准备继续发行更多股票。

尔后，同月 18 日山东省政府发布《关于占领城市后与法币斗争的秘密指示》②指出：伪钞已成废币。法币由于美国支持及战争胜利，自日本宣布无条件投降后迅速提高，据报大后方物价已跌落

① 山东省钱币学会、孙守源：《山东革命根据地货币史》，中国金融出版社 2009 年版，第 371 页。

② 葛志强、刁云涛、宋文胜：《山东革命根据地北海银行历史年表》，中国文史出版社 2014 年版，第 179 页。

1/3，但这应该说只是短期的强心剂，战争过后的法币物价回涨很可能到来。本币过去发行数目不多，今天敌我封锁均已撤销，税收减少，城市与农村物资交流畅行无阻，加上我们直接占领了城市，本币迅速提高的程度必会加倍地超过法币，这也是我们与法币斗争经济上的优越条件，只要我们斗争掌握得好，到军事行动过去，大局渐趋稳定时，使本币成为绝对优势的全省本位币，是完全可能的。

此外，同年8月开始统一印制山东版北海币，北海银行总部将北海印钞厂、东海印钞厂及胶东制版厂合并，在乳山县崖子钟家村组建北海银行胶东印钞厂；将北海银行鲁南印钞厂和滨海印钞厂并入鲁中印钞厂（又称北海银行印钞总厂），开始统一印制山东版北海币。

为全面调剂物资、稳定金融、统一步调，进一步增强群众对北海币的信任，8月29日，山东省政府宣布北海币将在山东根据地统一流通。至此，北海币已经完成了从小型区域辅币向山东根据地流通本位币的转变过程。到1945年底，山东省108个县共94个县使用北海币，北海币基本统一了全省市场。本年度共发行20.889.27亿元。自此，北海币成为全省范围内货币市场的单一本位币。

思考题

1. 山东抗日根据地是如何依托金融业务等开展斗争的？
2. 山东胶东区抗日根据地货币斗争涉及哪些方面？
3. 抗战期间，冀鲁豫革命根据地是如何开展货币斗争的？
4. 在抗战期间，北海币是如何确立在山东省抗日根据地的单一本位币地位的？

第四章　山东解放区货币的统一与壮大

在抗日战争和解放战争的烽火岁月中，山东解放区作为中国革命的重要阵地，不仅在军事上取得了辉煌成就，更在经济金融领域进行了深刻的变革与探索。其中，山东解放区货币的统一与壮大历程，就是一部生动反映人民智慧与力量的历史篇章。面对日伪货币、国民党货币以及多种地方杂钞并存的混乱局面，山东解放区政府果断采取行动，通过北海银行等金融机构的设立与壮大，逐步实现了货币的名称统一、相对统一乃至完全统一。

一、山东解放区的巩固与扩大

在抗日战争胜利后，山东解放区成为中共中央"向北发展，向南防御"①战略部署的关键支撑点。大量部队和干部从这里奔赴东北，为东北解放奠定了坚实基础；同时，新四军主力北移与此地的部队并肩作战，共同铸就了华东地区党、政、军的指挥中心。在山东战场上，解放军在人民的支持下灵活运用多种战术，取得了鲁南战役、莱芜战役等一系列重大胜利，不仅打击了国民党军队的士气，更为全国解放战争的胜利提供了宝贵经验和强大动力。

---

① 中共中央组织部：《中国共产党组织建设一百年》，党建读物出版社 2021 年版，第 128 页。

（一）早期基础——抗战胜利后的山东局势

经过 14 年的浴血奋战，中国共产党领导的山东抗日部队共作战 26000 多次，击毙俘日伪军 513623 人；山东民兵进行大大小小的战斗 52650 次，毙伤俘日伪军 25560 人，总计 539183 人，为全国统一战线的发展以及抗日战争的胜利作出了卓越的贡献。同时，山东人民也为此付出了巨大牺牲，据统计，仅山东抗日根据地人民就伤亡 2506597 人（以上均不包括鲁西区，即晋冀鲁豫抗日根据地中的山东部分）。抗日战争的胜利，是全国军民用鲜血、生命换来的。[1]

1945 年 9 月抗战胜利时，津浦铁路、胶济铁路上的济南、青岛、潍县、兖州等孤立据点和陇海铁路徐州至连云港沿线城镇仍被日伪军占领，总体来讲，山东战略地区的广大城乡基本全部获得了解放。山东省政府（1945 年 8 月 13 日山东战时行政委员会改为山东省政府，黎玉为省政府主席）是全国各大解放区中唯一自成完整建制的省级政府，山东解放区成为当时第一个完整的建制省，面积 12.5 万平方公里，人口 2400 多万，辖滨海、胶东、渤海、鲁中、鲁南五个区党委和相应的行政公署，22 个地委（包括地级市委和特委）及相应的专署，共 120 多个县级民主政权，各县普遍成立了区、乡、村级党政组织和群众团体，建立了一支 27 万人的正规部队和 50 多万民兵的人民武装（以上均不包括鲁西区）。[2] 山东解放区，其人口、正规部队人数和民兵人数，均分别占全国解放区各项总数的 1/5，在抗日战争胜利的新形势下，进军东北的出发阵地在北边，支持华中的可靠后方在南边；它成为连接华中、华北和东北解放区的重要枢纽，是我党我军最重要的战略基地。

---

① 孙守源：《山东革命根据地货币史》，中国金融出版社 2000 年版，第 225 页。
② 孙守源：《山东革命根据地货币史》，中国金融出版社 2000 年版，第 44 页。

抗战胜利前夕，山东境内没有国民党的正规军队，国民党山东省政府也远在安徽阜阳，国民党在山东地区处于绝对劣势。当时的国民党企图控制山东，为了达到其控制华北、占领东北，进而消灭我党我军的目的，所以占领和控制山东成为国民党领导内战计划的关键一环。因此国民党政府命令日寇不得向我山东解放军投降缴械，而且要求其对所占领地区"负责做有效的防卫"；对已被我军解放的地区，则让日伪军负责"收复"，企图利用日伪军为其保守地盘，以扭转国民党在山东的绝对劣势。1945 年 8 月 18 日，国民党山东省政府主席何思源入驻济南，完成了所谓的"收复"。① 国民党随即将屯驻大后方的正规军队迅速运至山东，抢占大中城市和已被我军包围或收复的城镇。9 月 11 日，美国第七舰队在青岛登陆，把青岛作为国民党海、陆侵犯我华东、华北、东北解放区的桥头堡。不久，由美国训练并全副美械装备的国民党第八军从云南经海路运抵青岛。国民党调集 17 个军约 40 万军队扑向山东和华中地区，其中第 19 集团军陈大庆部占据陇海铁路东段及两侧阵地，并由徐州沿津浦铁路北犯，于 10 月 11 日开进济南；国民党第 73 军也由美国飞机运至济南。至此，国民党军队陆续占领了济南、青岛、徐州、连云港多个战略据点，控制了胶济、津浦、陇海铁路沿线绝大部分地区，完成了对山东解放区的战略分割和包围。

抗战胜利后，中国共产党将战略重点转移，把军政力量集中在华北、山东和陇海铁路以北至内蒙古一带，并力争解放东北。1945 年 9 月 11 日，中共中央致电山东分局："为利用目前国民党及其军队尚未到达东北（估计短期内不能到达）的时机，迅速发展我之力量，争取我在东北之巩固地位，中央决定从山东抽调 4 个师 12 个团共 2.5 万至 3 万人，分散经海道进入东北活动，并派肖华前去统

---

① 中国金融思想政治工作研究会：《中国红色金融史》，中国财政经济出版社 2021 年版，第 500 页。

一指挥。"中共山东分局迅速落实这一指示，肖华率领部分干部从胶东经海路去了东北。

1945 年 9 月 19 日，中共中央发出由代理党中央主席职务的刘少奇起草的经政治局临时会议通过并征得当时在重庆的毛泽东、周恩来同意的《目前任务和战略部署》，提出了"向北发展，向南防御"的重要决策；指挥"山东主力及大部分干部迅速向冀东及东北出动。由山东调 3 万兵力到冀东，协助冀热辽军区肃清伪军，开辟热河工作，完全控制冀东、锦州、热河。另由山东调三 3 万兵力，进入东北发展，并加装备"；决定派罗荣桓率领山东解放军到东北备战。①

中央考虑到开辟和发展东北解放区需要较多的兵力和干部，而山东又是全国解放区中储备军队和干部最多、距离东北较近的战略区，调动我山东军队和干部力量成为开辟东北解放区的关键。1945 年 9 月 20 日，刘少奇又致电中共山东分局指出：发展东北，控制冀东、热河，进而控制东北的任务，除开各地派去的部队和干部外，中央完全依靠你们及山东的部队和干部。原则上要以山东的全部力量来完成，必须全力执行，越快越好。遵照党中央的战略决策，1945 年 9 月至 12 月底，罗荣桓等将领率领山东主力军队 9 个师（旅）6 万余人，以及地方干部 6000 余人，分三批由海路或陆路开赴东北，构成东北野战军的主力和基础，开辟和发展了东北解放区。原中共山东分局书记罗荣桓率山东党政干部及军队主力北上后，党中央作出决定指派华中局及新四军主力一部北移至山东地区，华中局领导机关与山东分局机关合并组成中共华东中央局。1945 年 10 月上旬，陈毅从延安到达临沂。10 月 25 日，中共华东局在临沂正式成立，② 饶漱石任书记，陈毅、黎玉任副书记，统一

---

①② 中国金融思想政治工作研究会：《中国红色金融史》，中国财政经济出版社 2021 年版，第 499 页。

指挥领导山东和华中的全盘地区的部队作战，新四军军长陈毅、副军长张云逸分别兼任山东军区正、副司令员，饶漱石、黎玉分任正、副政委。遵照党中央建立野战军正规兵团的指示，山东和华中所属部队进行统一调整和整编，北移山东的新四军二师、四师等部与山东主力部队合编，成立山东野战军，下辖一纵队、二纵队和七师、八师共7万人。山东解放区另有地方部队22万人，共拥有军队近30万人。一个多月的战略调整，不仅为开辟和发展东北解放区奠定了基础，而且为山东解放区的巩固发展及华东野战军的成长壮大创造了有利条件。

（二）国民党对山东解放区的进攻及其失败

1946年6月23日，国民党徐州绥靖公署第二绥靖区司令官王耀武指挥其驻济南、潍县、青岛的5个军10多万人，分东西两段突然向胶济铁路沿线及两侧的解放区大举进攻，国民党开始了对山东解放区的全面进攻。8月20日，国民党集中徐州地区14个军31个师的兵力，在薛岳的指挥下，向鲁南解放区进攻。10月，山东野战军在峄县以东组织了傅山口阻击战，歼灭了进犯临沂的国民党3个师2500余人；12月又在宿北战役中围歼进犯的国民党军2万多人。1947年1月2日至20日，我军组织27个团进行鲁南战役，歼灭了国民党2个整编师、4个旅及第一快速纵队，共计53500多人。1月23日，山东军区与华中军区遵照中央军委命令合并为华东军区，原山东野战军与华中野战军统一整编为华东野战军，总兵力为275800人，陈毅任司令员兼政治委员，统一领导华东全军，以利于大兵团作战。[①]

1947年1月下旬，国民党又集中23个整编师55个旅31万人，由参谋长陈诚指挥，从陇海铁路东段和胶济铁路西段南北对进，再

---

① 孙守源：《山东革命根据地货币史》，中国金融出版社2000年版，第230页。

次向山东解放区进攻，企图在鲁南地区一举消灭华东野战军的主力。

华东野战军采取诱敌深入、打运动战的作战方针，主动放弃临沂，主力北上，将北线李仙洲集团包围在莱芜地区。2月21日至23日，华东野战军彻底地歼灭了李仙洲集团四十六军、七十三军和十二军的新三十六师，共7个师（旅）56000余人，生俘国民党第二绥靖区中将副司令李仙洲和七十三军军长韩浚，缴获300余门大炮和大量军用物资。莱芜战役的胜利，使我胶东、鲁中、渤海三个解放区统一起来，成功冲击了国民党的军事部署，迫使胶济铁路东段的国民党军纷纷向潍县、青岛集中，国民党军在山东的全面进攻被迫停止。

1947年2月底，国民党被迫由全面进攻改为向陕北和山东重点进攻。① 国民党当局企图重点进攻山东解放区，所以撤退了徐州、郑州两个绥靖公署，并且指示陆军总司令顾祝同坐镇徐州，组成陆军总司令徐州司令部，统一指挥原徐州、郑州两绥靖公署的部队，又将别处战场的部队调来山东，总兵力达24个整编师60个旅45万余人，企图以部分兵力首先打通徐州至济南段的津浦铁路线和兖州至临沂的公路，占领鲁南解放区，然后全线向鲁中山区进攻，与华东野战军主力作战，或压迫华东野战军北渡黄河，进而占领整个山东。

国民党吸取了过去在进攻中被山东解放军分割歼灭的教训，因此采用了加强纵深、密集靠拢、稳扎稳打、逐步推进的策略。1947年5月11日，国民党第一兵团3个师开始北犯，七十四师前进迅速，攻势突出。14日，华东野战军调集部队，将国民党五大主力之一的七十四师包围在垛庄以北的孟良崮地区。16日，全歼国民党七

---

① 中国金融思想政治工作研究会：《中国红色金融史》，中国财政经济出版社2021年版，第503页。

十四师及整编八十三师一个团，共毙伤俘 32000 余人，击毙七十四师师长张灵甫、副师长蔡仁杰。国民党整编七十四师的覆灭，使国民党对山东解放区的重点进攻受到严重挫折，山东战场的局势开始转变。[①]

1947 年 6 月 30 日，晋冀鲁豫野战军在山东渡过黄河，发动了鲁西南战役。7 月，为配合晋冀鲁豫野战军南下作战，叶飞、陶勇率华东野战军一部挺进鲁南，解放了费县、枣庄、峄县，逼近津浦铁路和陇海铁路；陈士榘、唐亮率华东野战军一部挺进津浦铁路沿线，攻克泰安，横扫津浦铁路西，收复宁阳、肥城、东阿、平阴等县城。此时，刘邓大军与华东野战军在鲁西南、泰西、鲁南呈"品"字形排列，将国民党的华东防线撕开一个长达数百里的缺口，彻底打乱了国民党的作战部署。为遏制我军南下，蒋介石不得不从中原和山东战场调兵遣将重组防线，中止了对鲁中地区的第三次进攻，国民党对山东的重点进攻已成强弩之末。

7 月中下旬，山东出现罕见的暴雨，平原一片泽国，山区洪水暴发，道路断绝。[②] 7 月 24 日，华东野战军发起临朐战役，连日暴雨使我军行动不便，粮食无着，弹药受潮失效，给我军各部队造成极大困难。我军连续作战半月，未能克敌，伤亡及减员计 21000 余人，战役被迫中止，鲁中大部分地区重新被国民党军占据。

自国民党军重点进攻山东以来，山东解放区大部分地区沦陷，中共华东局机关及军工、后勤机关、医院等都迁到了胶东解放区。胶东地区人口众多，物产丰富，民风淳朴，我党我军在群众中享有很高的信誉，胶东人民在参军参战支援战争方面发挥着特别重要的作用。从地理位置上看，胶东地区北靠渤海连接东北解放区，西可直接支援鲁中、滨海和渤海解放区，因此，它不仅是山东解放区的

---

①② 中国金融思想政治工作研究会：《中国红色金融史》，中国财政经济出版社 2021 年版，第 503 页。

战略总后方，而且是我军重要的战勤和兵员基地。刘邓、陈粟、陈谢三路大军出击中原，使国民党的战略防御体系面临崩溃，蒋介石便孤注一掷，亲自授意制订了"九月攻势"计划，由国民党陆军副总司令范汉杰亲自指挥，进攻胶东，企图攻占胶东解放区，歼灭华东军政机关和我军主力，切断山东与东北的联系，以便尽快结束山东战事后，将国民党军主力从山东撤出投入中原战场来挽救危局。

1947年9月，国民党军先后攻占胶县、高密、昌邑等县城，切断了胶东与西部各解放区的联系，完成了战略包围。然后，以6个整编师20个旅组成胶东兵团作为一线部队，又将6个旅分别在南、西后方作为二线部队纵深部署，以胶莱河为依托，由西向东步步进逼，企图将我华东党政机关和内线部队压入胶东腹地，并利用当地三面环海的地形一网打尽。9月中旬，国民党侵占平度、掖县、招远、莱阳等15个县城，我党政机关、部队、工厂、医院、学校及大批群众和物资被压缩在半岛东端南北50余公里、东西70余公里的狭小地区内，毫无回旋余地。当时，由许世友任司令员、谭震林任政委的华东野战军四个纵队组成的东线兵团留守山东内线，敌我力量悬殊，于是东线兵团主力掩护华东局机关向外穿插。9月22日，我军转入敌人侧后的大泽山区，直逼平度城，国民党军除派部分兵力回救外，其主力仍不顾一切地向胶东内地进犯，于9月30日占领烟台，使国民党对山东解放区的重点进攻达到了顶点。

为保卫胶东解放区，从根本上扭转战局，我军决定以攻为守，发起胶（莱）河战役，迫使深入胶东的敌军主力回撤。① 10月2日，我军突然将回援的国民党整编六十四师包围在胶莱河东岸的平度三户（合）山、范家集一带，并围点打援，全歼由潍县东援之

---

① 茅永怀、曹骅、茅沄沄：《毛泽东与山东战场》，中共中央党史和文献研究院官网，2016年6月8日，https://www.dswxyjy.org.cn/n1/2016/0608/c244523-28421168.html。

敌。范汉杰见六十四师无法逃脱，被迫放弃对胶东内地的继续进攻，急调整编第八师、第五十四师从蓬莱、牟平火速西援。10 日，胶（莱）河战役胜利结束，歼敌 12000 余人，并收复了昌邑、掖县、栖霞、威海、牟平等县城。国民党军进犯胶东的"九月攻势"是国民党对解放区的最后一次大规模进攻，它的失败，标志着国民党对山东解放区的重点进攻完全被粉碎，也标志着山东战场继全国各大战略区之后全面转入战略进攻，由刘邓大军揭开的我军战略反攻的序幕自此全部拉开。

（三）山东解放战争的奇迹与战略意义

山东解放战争创造了诸多奇迹，具有极其重要的意义，以少胜多的经典战例数不胜数。在鲁南战役中，中国人民解放军山东野战军和华中野战军在鲁南地区，面对装备精良的国民党军，经过精心部署和英勇作战，仅用 19 天就歼灭国民党军 5.3 万余人，创造了第一次华东战场人民解放军歼灭国民党军 2 个整编师和 1 个快速纵队的纪录，缴纳了大量的武器装备，为组建自己的特种兵部队奠定了基础。莱芜战役在短短 3 天时间内，解放军以巧妙的战术和英勇的战斗，歼敌 5.6 万余人。国民党将领王耀武曾感叹"五万多人，不知不觉在三天就被消灭光了，老子就是放五万头猪在那里，叫共军抓，三天也抓不光呀"，[1] 可见战役的胜利对国民党军队造成了巨大的震撼。还有华东野战军在孟良崮地区，将国民党的王牌部队——整编七十四师包围并歼灭。这是一场极其艰难的战斗，解放军在敌人的重重包围和强大火力下，不畏强敌，奋勇作战，最终取得了胜利，极大地打击了国民党军队的士气。[2]

---

① 孙守源：《山东革命根据地货币史》，中国金融出版社 2000 年版，第 234 页。
② 中国金融思想政治工作研究会：《中国红色金融史》，中国财政经济出版社 2021 年版，第 503 页。

此外，解放战争过程中，山东是开赴东北、转战华东、挺进中原、决战淮海、进军江南的重要战略枢纽。抗战胜利后，山东为中共中央"向北发展，向南防御"战略部署的实施提供了重要支持。大量部队和干部从山东奔赴东北，为东北的解放奠定了基础；同时，新四军主力北移山东后，与山东的部队组成强大的军事力量，成为华东地区党、政、军的指挥中心。在战略决策上，山东的重要地位为解放战争的胜利提供了有力保障。解放军在山东战场采用了多种战术，如运动战、围点打援、分割包围等，根据不同的战场形势和敌人的特点，灵活运用战术，取得了显著的战果。例如，在鲁南战役中，解放军利用敌人的轻敌心理和地形优势，采取突然袭击的方式，迅速将敌人分割包围，逐个击破；在莱芜战役中，通过巧妙的诱敌深入，将国民党军队引入解放军的包围圈，然后进行集中歼灭。

山东人民对解放战争的支持是其取得胜利的重要保障。在战争期间，山东人民积极参与支前工作，为解放军提供了大量的物资和人力支持。根据资料显示，在淮海战役中，以山东解放区为主共派出了支前民工543万多人，担架20多万副，大小车辆88万辆，担子30多万副，牲畜76万多头，船只8539艘，为取得战役最后的胜利作出了巨大贡献。这种人民群众的广泛支持，是解放军在山东战场能够取得胜利的重要因素，也是山东解放战争的一个奇迹。

山东解放战争对全国解放战争的胜利起到了重要推动作用，在战略方面，山东作为重要的战略枢纽和战场，为解放军在全国范围内的战略布局提供了有力的支撑。从山东出发，解放军可以向东北、中原、华东等地区展开战略进攻，对国民党军队形成了强大的压力，牵制了大量的国民党军队的军力，为剩余战场的胜利奠定了极为有利的基础。例如，在淮海战役中，山东解放区作为战役的重要后方基地，为前线提供了大量的物资和人员支持，保障了战役的顺利进行。在军事上，山东战场上的一系列胜利，如鲁南战役、莱芜战役、孟良崮战役等，为全国解放战争提供了宝贵的经验和借鉴。这些胜利不仅打击了国民党军队的士气，也增强了全国人民对解放战争胜利的信心，为解放军在其他地区的作战提供了示范和鼓舞。

此外，山东在解放战争中培养和锻炼了一大批优秀的干部和军事人才，这些干部和人才在战争中积累了丰富的经验，为新中国的建设提供了重要的人才支持。他们在新中国成立后，积极参与国家的建设和发展，为国家的繁荣富强作出了重要贡献。

经济上，山东解放区在战争期间积极开展土地改革和经济建设，为解放战争的胜利提供了物质基础。同时，这些经济建设的成果也为新中国成立后的经济恢复和发展奠定了基础。例如，山东解放区的农业生产得到了发展，为前线提供了大量的粮食和物资；工业生产也逐步恢复，为解放军提供了武器装备和军需物资。

山东解放战争中展现出的革命精神，如坚定的信念、英勇无畏的精神、团结协作的精神、人民至上的精神等，是组成中国革命精神的重要部分。这些精神不仅在解放战争中发挥了重要作用，也对新中国的建设和发展产生了深远的影响。这些精神鼓励着一代又一代的中国人为了国家的繁荣富强、人民的生活幸福以及中华民族的伟大复兴而不懈奋斗。

二、山东解放区货币的统一与扩大

随着解放战争形势的发展，各根据地逐渐扩大并连成一片，经济交流日益频繁，货币统一的需求迫在眉睫。为此，山东解放区采取了强有力的政策措施，推动货币的统一化与规范化。通过成立高度集中的货币统一决策机构、颁布严格的法规和政策文件、开展大规模的货币回收与置换行动，山东解放区成功实现了货币的完全统一。

（一）早期货币混乱局面

在抗日战争与解放战争交织进程中，山东解放区面临着复杂多变的金融挑战。初期，货币局面混乱，多种货币并存、物价波动剧烈，经济发展受到严重阻碍，这一系列问题使解放区经济陷入困境。

第一，多种货币并存。在山东解放区早期，货币混乱局面呈现出多种货币并存的现象。[①]

一方面，当时日伪货币、国民党货币等在市场上流通。日伪货币的存在是日本侵略者对山东地区进行经济掠夺的手段之一。这些货币的发行和流通严重破坏了山东地区的经济秩序，使得物价飞涨，百姓生活困苦。由于国民党统治区与山东解放区在一定程度上存在经济往来，国民党货币也在山东解放区部分地区流通。然而，国民党货币往往因国民党政府的腐败和经济政策的失败而不断贬值，给山东解放区的经济稳定带来极大挑战。

另一方面，山东解放区也在积极探索发行自己的货币以稳定经济。[②] 但在早期，由于解放区范围有限、经济基础相对薄弱，解放区货币的流通范围和影响力也受到一定限制。多种货币并存的局面使得交易变得复杂，人们在进行买卖时需要考虑不同货币的价值和稳定性，这给商业活动带来了很大的不便。

为了改变这种混乱局面，山东解放区政府采取了一系列措施：加强对市场的管理，打击非法货币的流通；积极推广解放区货币，提高其信誉度和接受度；发展解放区经济，为货币的稳定提供坚实基础。通过这些努力，山东解放区逐渐摆脱了货币混乱的局面，为

---

① 赵占豪：《"北海币"与我党早期金融斗争实践》，光明日报百家号，2022 年 8 月 1 日，https：//baijiahao. baidu. com/s?id＝1739887479189526211#：。

② 邱梦颖：《北海币为何成为解放区"最坚挺的货币"》，华夏经纬网，2024 年 11 月 28 日，https：//www. huaxia. com/c/2024/11/28/1982050. shtml。

解放区的经济发展和人民生活的改善创造了有利条件。多种货币并存的现象也成为山东解放区经济发展历程中的一个特殊阶段，见证了解放区人民在艰苦环境中为实现经济独立和稳定所作出的不懈努力。

第二，物价波动剧烈。山东解放区早期货币混乱局面中物价波动剧烈，主要体现在以下几个方面：

一是日伪货币影响下的物价飞涨。其一，物资掠夺与货币超发。日本侵略者在山东地区大量发行日伪货币，如伪联银券等，并且通过这种货币手段对山东的物资进行疯狂掠夺。他们将大量的粮食、棉花、煤炭等战略物资搜刮运往日本或其占领的其他地区，导致山东本地物资供应极度短缺。为了维持统治和继续掠夺，日伪政权不断超发货币，使得市场上的货币量远远超过了物资的承载能力，这是物价飞涨的重要原因之一。例如，在一些城市，原本价格较为稳定的生活必需品，如大米、面粉等，在日伪货币流通后价格成倍增长，百姓生活苦不堪言。其二，市场秩序破坏。日伪货币的强制使用和对经济的肆意破坏，使得山东原有的经济体系和市场秩序陷入混乱。正常的商业交易受到严重干扰，商家不敢轻易进货和定价，因为物价的波动难以预测，随时可能导致亏损。一些不法商人趁机囤积居奇，进一步加剧了物价的上涨，使得百姓购买生活物资变得更加困难和昂贵。

二是国民党货币贬值带来的物价不稳定。其一，法币贬值的传导。国民党政府为了弥补财政赤字和支持战争开支，大量发行法币，导致法币在全国范围内严重贬值。山东解放区与国民党统治区存在一定的经济联系和贸易往来，法币不可避免地流入解放区。法币的贬值也迅速传导到解放区的市场，使得物价水平不断攀升。[1]百姓手中的法币越来越不值钱，以前能够购买一定数量商品的钱，

---

① 中国金融思想政治工作研究会：《中国红色金融史》，中国财政经济出版社2021年版，第337页。

现在只能买到很少一部分。例如，一件原本售价为 10 元法币的衣服，在法币贬值后可能需要 100 元甚至更多的法币才能买到。其二，经济政策的失败。国民党政府的经济政策存在严重问题，对山东地区的经济管理和调控能力不足。他们没有采取有效的措施来稳定物价和保障民生，反而将大量的资源用于内战，进一步加剧了经济的混乱和物价的波动。在国民党统治区，通货膨胀严重，物价飞涨，这种情况也影响到了山东解放区的物价稳定。

三是解放区自身货币发行初期的物价波动。其一，货币信用建立过程中的挑战。山东解放区在早期发行自己的货币，如北海币等。在货币发行的初期，由于解放区的经济基础相对薄弱，货币的信用度需要逐步建立，百姓对新货币的接受也需要时间。在这一过程中，物价也会出现一定的波动。一些百姓对解放区货币的稳定性存在疑虑，可能会出现囤积物资、观望等行为，这在一定程度上影响了市场的供求关系，导致物价的波动。其二，经济建设面临困难。解放区面临着敌人的封锁和军事压力，经济建设面临诸多困难，物资生产和供应受到限制。在这种情况下，货币的发行和流通与物资的供应之间可能会出现不平衡，从而引发物价的波动。例如，在一些地区，由于战争的影响，农业生产受到破坏，粮食产量下降，而货币的发行量可能没有及时调整，导致粮食价格大幅上涨。

山东解放区早期的货币混乱局面导致了物价的剧烈波动，给百姓的生活带来了极大的困难。但随着解放区政府采取一系列措施，如加强对货币的管理、打击投机倒把、发展经济等，物价逐渐趋于稳定，为解放区的经济发展和人民生活的改善奠定了基础。

第三，经济发展受阻。山东解放区早期货币混乱局面致使经济发展严重受阻，具体体现在以下几个方面：

一是商业贸易发展艰难。其一，交易秩序混乱。多种货币同时流通，且各自的价值和信誉度参差不齐。日伪的伪钞、国民党的法币以及地方商号的杂钞等并行，使得商家和民众在交易时难以确定合理的兑换比率和价格标准。例如，一种商品可能今天用法币交易是一个价格，明天用伪钞交易就变成了另一个价格，这给正常的商业交易带来了极大的不确定性，商家不敢轻易进货和定价，商业活动的频率和规模都受到严重限制。其二，跨区域贸易受阻。不同地区的货币体系差异较大，货币的不统一给跨区域的贸易带来了巨大障碍。山东解放区与其他地区进行贸易往来时，货币的兑换和结算变得极为复杂，增加了交易成本和风险。这使得解放区的商品难以顺畅地流向外部市场，外部的物资也难以进入解放区，严重影响了资源的优化配置和经济的交流发展。

二是工业生产停滞不前。其一，资金筹集困难。货币混乱导致金融体系不稳定，银行等金融机构的功能无法正常发挥。企业难以从银行获得稳定的贷款和资金支持，民间的资金借贷也因货币价值的不稳定而变得风险极高，这使得工业企业在扩大生产、更新设备、引进技术等方面缺乏必要的资金保障，生产规模难以扩大，技术水平难以提高。其二，原材料供应不足。在货币混乱的背景下，物价波动剧烈，原材料的价格也极不稳定。企业难以准确预测原材料的价格走势，不敢大量储备原材料。同时，由于货币贬值，企业手中的资金能够购买到的原材料数量不断减少，这导致工业生产时常面临原材料短缺的问题，生产进度受到严重影响，一些企业甚至因无法获得足够的原材料而被迫停产。

第四，农业生产受到冲击。[①] 山东解放区早期货币混乱局面致使农业生产受到冲击，具体体现在以下几个方面：

一是农民收入减少。农民在出售农产品时，由于货币的混乱，农产品的价格难以得到合理的体现。有时候农民辛苦劳作一年收获的农产品，在出售时却因为货币贬值而换不到足够的生活物资和生

---

① 邓广：《山东解放区的农村财粮征收（1946－1949）》，中国农村研究网，2017年12月25日，https：//ccrs. ccnu. edu. cn/List/H5Details. aspx?tid＝5193。

产资料。例如，原本可以用农产品换来的化肥、农具等，在货币贬值后需要付出更多的农产品才能换取，这使得农民的实际收入大幅减少，生产积极性受到严重打击。

二是农业投入不足。货币混乱使得农村地区的金融服务几乎瘫痪，农民难以获得农业贷款等资金支持，无法对土地进行改良、购买优良的种子和农业机械等，农业生产的基础设施建设也因缺乏资金而停滞不前。这导致农业生产效率低下，农业经济的发展陷入困境。

第五，市场信心受挫。山东解放区早期货币混乱局面致使市场信心受挫，具体体现在以下几个方面：

一是民众消费意愿降低。货币混乱带来的物价飞涨和货币贬值，让民众对未来的经济形势感到担忧和不安。人们为了应对可能出现的经济危机，纷纷减少不必要的消费，将手中的货币储存起来或者兑换成实物，这导致市场需求不足，商品流通不畅，进一步加剧了经济的萧条。

二是投资者望而却步。对于外部的投资者和商人来说，山东解放区的货币混乱局面使得投资环境极为恶劣，投资风险极高。他们不敢将资金投入到解放区的经济建设中，这使得解放区缺乏外部的资金和技术支持，经济发展缺乏动力和活力。

这一系列问题使解放区经济陷入困境，凸显了货币混乱对经济的巨大负面影响，也促使解放区积极探索稳定货币、促进经济发展的道路。

（二）货币的逐步统一

面对初期货币市场混乱、物价波动剧烈等严峻挑战，山东解放区开始探索货币统一之路。从北海银行的成立到名称统一但各自独立的阶段，再到相对统一，直至最终实现完全统一，山东解放区历经了艰辛而曲折的历程。

第一，名称统一但各自独立阶段。山东解放区早期，货币市场极为混乱。日伪货币如伪联银券的强制流通，国民党货币法币的不稳定以及地方杂钞的泛滥，严重影响了解放区的经济稳定和人民生活。为了改变这种局面，北海银行应运而生，并逐渐成为解放区货币体系的核心力量。

一是名称统一的过程。1938年北海银行在胶东掖县成立，① 通过有效的货币发行和金融管理，在当地建立了良好的信誉。它成功地稳定了物价，保障了根据地的经济运行，为抗战提供了坚实的经济支持。其发行的北海币以充足的准备金和严格的发行管理，赢得了民众的信任。百姓们逐渐认识到北海币的稳定性和可靠性，愿意使用北海币进行交易。鉴于胶东北海银行的成功经验，山东其他抗日根据地在创办自己的银行时，纷纷选择沿用"北海银行"这一名称。这一举措旨在借助北海银行已有的良好声誉和成功模式，快速建立起稳定的货币体系，以应对复杂的金融形势。统一名称后的北海银行在山东解放区形成了一个相对统一的金融体系，为后续的货币统一工作奠定了基础。

二是各自独立的表现。尽管各根据地的北海银行都以"北海银行"为名，但由于日伪的军事封锁和分割，各根据地之间的联系受到很大限制，呈现各自独立的现状，具体表现如下：

首先是发行区域独立。各行发行的北海币样式自定，并且标明区域，相互之间不流通使用。例如，胶东地区发行的北海币在胶东根据地内流通，而清河地区发行的北海币则在清河根据地内使用。这种区域独立性使得各根据地在货币发行和管理上需要根据自身的实际情况进行决策。每个根据地的北海银行都在自己的区域内独立开展货币发行和金融业务，以满足当地的经济需求和抗战需要。

---

① 中国金融思想政治工作研究会：《中国红色金融史》，中国财政经济出版社2021年版，第330页。

其次是管理体系独立。各根据地的北海银行在管理上也是相对独立的，有着自己的组织架构和管理方式。总行成立后，省内各大战略区又建立了分行，如胶东分行、清河分行、冀鲁边分行等。各分行在总行的领导下开展工作，但在具体业务和管理上仍有较大的自主性。各分行根据当地的经济状况、战争形势和政治环境，制定适合本地区的货币发行政策、利率政策和金融监管措施。这种管理体系的独立性有助于各根据地灵活应对本地的特殊情况，但也给货币的统一带来了一定的挑战。

最后是货币价值独立。虽然北海币总体上是为了支持根据地的经济建设和抗战需要，但由于各根据地的经济状况、物资供应等不同，北海币在不同地区的实际价值和购买力也存在一定差异。例如，在一些经济相对发达、物资丰富的地区，北海币的购买力可能相对较高；而在一些经济落后、物资匮乏的地区，北海币的购买力则可能较低。这种货币价值的独立性反映了各根据地经济发展的不平衡性，也使得货币的统一工作需要综合考虑各方面的因素。

三是意义和影响。名称统一但各自独立的阶段虽然存在一定的局限性，但也为山东解放区货币的进一步统一奠定了基础。

首先，为货币统一奠定了基础。通过统一名称，北海银行在山东解放区形成了一个具有较高知名度和信誉度的金融体系，为后续的货币统一工作提供了有力的支持。各根据地在独立发展的过程中，也积累了丰富的货币发行和金融管理经验，为货币的统一提供了实践基础。

其次，保障根据地经济稳定。在这一阶段，各根据地的北海银行通过独立发行货币和开展金融业务，有效地保障了当地的经济稳定。北海币的发行和流通，稳定了物价，促进了商品流通，为根据地的经济建设和抗战提供了重要的资金支持。同时，各根据地的独立管理也使得货币发行能够更好地适应本地的经济需求，提高了货币的使用效率。

最后，培养金融人才。名称统一但各自独立的阶段，各根据地的北海银行都培养了一批优秀的金融人才。这些人才在货币发行、金融管理、经济分析等方面积累了丰富的经验，为山东解放区货币的统一和金融事业的发展作出了重要贡献。

山东解放区货币在逐步统一过程中经历了"名称统一、各自独立"的过渡阶段，这是一个具有重要历史意义的阶段。它为山东解放区货币的最终统一奠定了基础，保障了根据地的经济稳定，培养了一批优秀的金融人才。

第二，相对统一阶段。随着山东解放区的不断发展和壮大，各根据地之间的联系日益紧密，对货币统一的需求也越来越迫切。在名称统一但各自独立的阶段基础上，山东解放区开始迈向货币的相对统一阶段。[①]

一是主要表现。山东解放区开始迈向货币相对统一阶段的表现有如下几点：

首先，政策协调与统一领导。山东解放区加强了对北海银行的统一领导，成立了更具权威性的金融领导机构。这个机构负责制定统一的货币发行政策、金融管理规定和利率政策等，协调各根据地北海银行的工作。例如，明确规定北海币的发行总量、发行节奏以及不同面额货币的投放比例等，以确保货币供应与经济发展需求相适应。各根据地北海银行在统一领导下，严格执行统一的金融政策。无论是货币发行、信贷投放还是金融监管等方面，都按照统一的标准和要求进行操作。这使得各根据地的金融业务更加规范和有序，减少了政策差异带来的混乱。

其次，货币设计与印制的统一化。在相对统一阶段，山东解放区开始对北海币的样式进行统一设计。去除了各根据地原有的区域标识，采用统一的票面图案和设计风格。例如，可能以山东解放区

---

① 王成娟：《北海银行在山东根据地的金融斗争》，中国共产党新闻网，2024年3月23日，http://cpc.people.com.cn/n1/2024/0323/c443712-40201674.html。

的标志性建筑、英雄人物或重要历史事件为票面图案，增强货币的辨识度和统一性。为了保证货币的质量和统一性，山东解放区实行了货币的集中印制。建立了专门的货币印制工厂，采用先进的印制技术和设备，确保北海币的印刷质量和防伪水平。同时，严格控制货币的发行量，避免通货膨胀和货币贬值。

再次，跨区域流通与兑换机制的建立。各根据地之间建立了畅通的货币流通渠道，允许北海币在一定范围内跨区域流通。通过加强交通建设、改善贸易环境等措施，促进了商品的跨地区流动，也为货币的跨区域流通创造了条件。例如，开通了重要的贸易路线，设立了专门的货币兑换点和贸易检查站，确保货币流通的安全和顺畅；并且制定了统一的货币兑换比率，明确了北海币与其他货币（如法币、伪联银券等）的兑换标准。这使得货币兑换更加公平、合理，减少了投机行为和市场波动。同时，加强了对货币兑换市场的监管，打击非法兑换和投机倒把行为，维护了金融市场的稳定。

最后，金融业务的协同与合作。各根据地北海银行在信贷业务方面开展协同合作。建立了统一的信贷政策和审批标准，共同为重要的经济建设项目和抗战事业提供资金支持。例如，对于跨地区的基础设施建设、工业生产等项目，各根据地北海银行可以联合提供贷款，共同承担风险，提高资金使用效率。同时加强了各根据地之间的结算业务协同。建立了统一的结算平台和结算方式，简化了跨地区贸易的结算流程，提高了结算效率。商家和企业可以通过这个平台进行快速、安全的资金结算，促进了商业贸易的发展。①

二是影响与意义。山东解放区开始迈向货币相对统一阶段具有重要的影响和意义，具体表现在以下几个方面：

首先，促进经济发展。货币的相对统一和跨区域流通，极大地

---

① 中国金融思想政治工作研究会：《中国红色金融史》，中国财政经济出版社 2021年版，第 340 页。

便利了商品的贸易流通。商家可以更加方便地进行跨地区贸易，扩大了市场规模，促进了资源的优化配置。这对于推动山东解放区的经济发展起到了重要作用。统一的货币发行政策和兑换比率，有助于稳定物价水平，避免了因货币混乱而导致的通货膨胀和物价波动，保障了人民的生活水平和经济稳定。①

其次，加强根据地团结。货币的相对统一体现了山东解放区的整体统一性和团结协作精神。各根据地在金融领域的协同合作，增强了政治凝聚力和向心力，为抗战胜利和解放事业提供了坚实的政治保障。货币的统一也促进了各根据地之间的文化交流。统一的货币样式和设计风格，成为了山东解放区的文化符号之一，增强了人民的认同感和归属感。

最后，为最终统一奠定基础。相对统一阶段为山东解放区货币的最终统一积累了宝贵的经验。在政策协调、货币设计、流通机制和金融业务合作等方面的探索和实践，为后来的完全统一奠定了坚实的基础。在这个过程中，培养了一批具有金融专业知识和统一管理经验的人才。

山东解放区货币的相对统一阶段是一个重要的历史时期，它在政策协调、货币设计、流通机制和金融业务合作等方面取得了显著成就，为山东解放区的经济发展、政治团结和最终的货币统一奠定了坚实基础。

第三，完全统一阶段。随着解放战争的胜利推进，山东解放区的形势发生了深刻变化。各根据地不断扩大并逐渐连成一片，经济交流日益频繁，对货币完全统一的需求变得极为迫切。②

---

① 中国金融思想政治工作研究会：《中国红色金融史》，中国财政经济出版社 2021年版，第 501 页。

② 茅永怀、曹骅、茅沄沄：《毛泽东与山东战场》，中共中央党史和文献研究院官网，2016 年 6 月 8 日，https://www.dswxyjy.org.cn/n1/2016/0608/c244523 - 28421168. html#:。

一是主要表现。山东解放区实现货币完全统一，表现具体如下：

首先，政策强力推动。成立了高度集中的货币统一决策机构，负责全面统筹山东解放区货币统一工作。这个机构制定了详细而严格的统一计划和时间表，确保各项工作有序推进。例如，明确规定在特定时间内完成各地区旧货币的回收和北海币的全面推广。颁布了一系列关于货币统一的法规和政策文件。这些文件明确了货币统一的法律地位和操作规范，对货币的发行、流通、管理等各个环节进行了严格规定。比如，规定任何单位和个人不得拒收北海币，对违反规定的行为进行严厉处罚。

其次，货币回收与置换。开展大规模的旧货币回收行动，包括日伪货币、国民党货币以及各根据地在统一前发行的带有区域标识的北海币等。通过设立专门的货币回收点，广泛宣传回收政策，鼓励民众积极上交旧货币。同时，对回收的旧货币进行集中销毁，防止其再次流入市场。以新发行的统一北海币对旧货币进行置换。根据一定的兑换比率，确保民众的财产不受损失。在置换过程中，严格控制兑换流程，防止出现欺诈和混乱。例如，要求兑换点工作人员认真核对旧货币的真伪和数量，准确发放新货币。

再次，流通渠道整合。建立了统一的市场管理机制，对货币流通的各个环节进行严格监管。加强对商业交易、金融机构、货币兑换点等的管理，打击非法货币交易和投机行为。确保北海币在整个解放区的流通安全和稳定。进一步加强交通建设和物流体系建设，畅通商品流通渠道。通过改善交通运输条件，降低物流成本，促进商品在解放区内的快速流动。这样不仅有利于经济发展，也为货币的完全统一提供了坚实的物质基础。

最后，宣传与教育。通过各种渠道广泛宣传货币统一的重要意义。利用报纸、广播、宣传栏等媒介，向民众讲解货币统一对经济发展、社会稳定和人民生活的积极影响。提高民众对货币统一的认识和支持度。开展金融知识普及活动，向民众传授货币识别、使用和保管等方面的知识。提高民众的金融素养，增强他们对新货币的信任和接受度。例如，组织金融知识讲座、发放宣传手册等。

二是影响与意义。山东解放区实现货币完全统一对经济发展、政治巩固具有重要影响。

其一，经济稳定与发展。货币的完全统一消除了贸易壁垒，极大地促进了商品的流通和贸易的繁荣。商家可以在整个解放区内自由开展贸易活动，资源得到更有效的配置，经济活力得到充分释放。统一的货币体系有利于稳定物价水平。通过合理控制货币发行量，加强市场监管，可以有效避免通货膨胀和物价波动，保障人民的生活水平。统一的货币使得资金能够更加顺畅地流动，有利于大规模的经济建设项目的实施，加快了解放区的工业化和现代化进程。

其二，政治巩固与统一。货币的完全统一体现了山东解放区的高度统一和团结。这不仅增强了人民对解放区政府的信任和支持，也为解放战争的最终胜利提供了坚实的政治保障。货币统一是山东解放区政治、经济、社会发展成熟的重要标志。它表明解放区具备了强大的组织能力和管理能力，能够有效地应对各种复杂局面。

三是历史启示。山东解放区货币的完全统一阶段是一个具有里程碑意义的历史时期。它为山东解放区的经济发展、政治稳定和社会进步做出了巨大贡献，也为新中国的金融建设奠定了坚实基础。在统一货币的过程中积累的政策制定、市场管理、宣传教育等方面的经验，对新中国成立后的金融体系建设产生了深远影响。同时，货币统一的实现离不开广大人民群众的支持和参与。这充分体现了人民在解放区建设中的主体地位和巨大力量，也为后来的社会主义建设提供了重要的历史启示。

（三）货币的壮大

面对多种货币并存、物价飞涨、经济秩序混乱的局面，山东解放区深刻认识到币值稳定与信誉提升的重要性。为此，山东解放区采取了一系列有力的措施。一方面，通过严格的货币发行管理和建立健全的货币发行制度，确保货币供应量与市场需求相匹配，为货币的稳定提供了坚实的基础。另一方面，山东解放区实行"物资本位制"，以物资作为北海币的基本储备，极大地增强了货币的信誉与可靠性。

第一，币值稳定与信誉提升。在解放战争时期，解放区实现了币值稳定与信誉提升，这具有重大意义和深远影响，主要体现在以下几个方面：

一是币值稳定的实现。在解放战争时期，实现币值的稳定，需做好以下几点：

其一，严格的货币发行管理。解放区的货币发行以实际经济需求为依据，避免过度发行。中国共产党领导下的金融机构对货币发行量进行严格控制，根据解放区的生产、贸易等实际情况来确定货币供应量，确保货币与商品的相对平衡。[①] 例如，通过对解放区的农业、工业生产情况进行调研，合理估算市场对货币的需求，从而精准地控制货币发行数量。

其二，建立健全的货币发行制度和监督机制。设立专门的货币发行机构，明确发行流程和规范，加强对货币发行过程的监督，防止滥发货币。同时，建立严格的审计制度，对货币发行的账目进行定期审查，确保货币发行的合法性和规范性。

其三，坚实的经济基础支撑。大力发展解放区的农业和工业生产。通过土地改革，激发农民的生产积极性，提高农业产量，保障粮食供应。同时，积极发展工业，建立了一批小型工厂，生产军需品和民用物资，增强了解放区的经济实力。例如，在一些解放区，

---

① 中国金融思想政治工作研究会：《中国红色金融史》，中国财政经济出版社 2021年版，第 335 页。

建立了纺织厂、机械厂等，生产的物资不仅满足了解放区内部的需求，还可以进行贸易，换取其他急需的物资。

其四，促进贸易流通，稳定物价。建立统一的贸易市场，规范贸易秩序，鼓励商品流通。通过调控物资供应和需求，稳定物价水平，为货币的稳定提供了坚实的经济基础。例如，设立贸易管理机构，对重要物资进行统一调配和管理，防止物价大幅波动。

二是信誉提升的途径。在解放战争时期，保障人民利益、兑现政治承诺等可以提升信誉，具体如下：

首先，切实保障人民利益。货币的价值与人民的生活息息相关。解放区的货币以保障人民利益为出发点，确保货币能够购买到足够的生活物资。例如，通过控制物价，使人民手中的货币能够维持其购买力，让人民切实感受到货币的可靠性。人民的经济困难得到积极解决。在解放战争时期，解放区政府通过发放贷款、救济物资等方式，帮助人民恢复生产、渡过难关。这些举措增强了人民对解放区货币的信任，提升了货币的信誉度。

其次，坚定的政治承诺与兑现。中国共产党在解放区实行民主政治，保障人民的政治权利。这种政治承诺也体现在货币的管理上，让人民相信解放区的货币是为人民服务的。例如，通过民主选举产生的政府机构，对货币的发行和管理进行监督，确保货币的公正性和透明度，兑现对人民的承诺，保持货币的稳定。在战争环境下，解放区面临着诸多困难和挑战，但始终坚持货币的稳定，不轻易改变货币的价值。这种坚定的承诺和兑现，赢得了人民的信任和支持，提升了货币的信誉。

三是币值稳定与信誉提升的意义。稳定的币值和良好的信誉，为解放区的经济建设提供了保障。解放区能够通过货币手段筹集资金，支持军队建设和战争物资的供应，为解放战争的胜利奠定了坚实的经济基础。例如，通过发行货币筹集资金，购买武器装备、粮食等军需物资，保障了军队的战斗力。人民对解放区货币的信任，转化为对中国共产党领导的支持，激发了人民参与解放战争和建设解放区的积极性。此外，解放战争时期解放区币值稳定和信誉提升的经验，为新中国成立后的金融体系建设提供了宝贵的借鉴。新中国在建立金融体系时，充分吸收了解放区货币管理的成功经验，实行严格的货币发行制度，稳定币值，保障人民利益，为国家的经济建设和社会发展奠定了坚实的金融基础。解放区货币的信誉传承到新中国货币中，使人民币在国内外赢得了广泛的信任和认可。新中国成立后，人民币以其稳定的价值和可靠的信誉，成为国家经济发展和国际交流的重要支撑。

第二，通过实行"物资本位制"，北海币以物资作为基本储备。北海币以物资作为基本储备，为解放区的经济稳定和发展提供了坚实的保障。[①]

一方面，实行"物资本位制"有着深刻的历史背景。当时，山东解放区面临着复杂的经济形势，日伪货币的掠夺、国民党货币的不稳定以及多种杂钞的流通，使得货币市场混乱不堪。为了打破这种困境，建立稳定可靠的货币体系，山东解放区决定实行"物资本位制"。在"物资本位制"下，北海币以物资作为基本储备。[②] 这意味着北海币的价值不再仅仅取决于其自身的数量，而是与物资的储备量紧密相连。解放区通过大量储备粮食、棉花、布匹、煤炭等生活必需品和战略物资，确保了北海币的价值稳定。例如，当市场上北海币的供应量过多时，解放区可以通过出售储备物资来回收北海币，从而维持货币的价值稳定；反之，当市场上北海币的供应量不足时，解放区可以通过增发北海币来购买储备物资，从而满足市场的货币需求。

---

① 王成娟：《北海银行在山东根据地的金融斗争》，中国共产党新闻网，2024 年 3 月 23 日，http://cpc.people.com.cn/n1/2024/0323/c443712-40201674.html。

② 中国金融思想政治工作研究会：《中国红色金融史》，中国财政经济出版社 2021 年版，第 335 页。

另一方面，实行"物资本位制"带来了诸多积极影响。首先，它稳定了货币价值，抵御了通货膨胀的风险。在战争时期和经济困难时期，北海币依然能够保持相对稳定的价值，为解放区的经济稳定和人民生活提供了可靠的货币保障。其次，它促进了贸易发展。稳定的货币价值使得商家可以放心地进行商品交易，不用担心货币贬值带来的风险。同时，统一的货币体系也促进了跨地区贸易的发展，加强了各根据地之间的经济联系和合作。最后，它为解放区的经济建设提供了有力的支持。政府可以通过发行北海币筹集资金，用于基础设施建设、工业生产、农业发展等方面，促进了解放区的经济繁荣。

第三，严格控制货币发行量。在山东解放区的货币发展历程中，严格控制货币发行量是一项至关重要的举措。

从背景来看，早期山东解放区面临着复杂的经济金融形势。多种货币混杂流通致使经济秩序混乱，物价起伏不定。在这种情况下，控制北海币发行量成为稳定经济的关键。一方面，解放区建立了严谨的货币发行审核机制。相关金融部门依据解放区的实际经济状况、物资储备量以及市场需求等多方面因素，综合评估确定货币发行量。当农业丰收、物资储备充足时，可适度增加一定量的货币供应以满足市场交易增长需求；反之则严格控制。另一方面，通过强有力的政策法规来约束货币发行行为，明确规定了货币发行的权限、流程以及违规的惩处措施等。只有经过严格审批、具备充足依据的情况下才能发行货币。同时，还积极调控货币投放领域。加大对实体经济如农业生产、工业建设等方面的货币支持力度，保障物资生产供应；减少非必要领域的货币投放，防止资金空转或流向投机领域。

严格控制货币发行量带来了诸多积极意义。在稳定物价方面效果显著。避免了因货币超发导致的通货膨胀，使得物价能够保持在相对合理稳定的区间。百姓用北海币能够购买到价值稳定的商品，生活得以保障。在经济发展上，严格控制货币发行量促进了商业贸易的有序进行。① 商家不用担心货币价值波动带来的交易风险，市场交易活跃，各行业的经济交流与合作得以加强。并且，严格控制货币发行量为解放区后续的经济建设和军事行动提供了坚实的金融保障。稳定可靠的货币体系吸引了各方资源汇聚，增强了解放区的经济实力，在特殊的历史时期发挥了重要作用，也为日后的经济发展模式等积累了宝贵经验。

第四，流通范围扩大。在山东解放区，货币流通范围经历了从小到大、不断拓展的过程。起初，由于日伪的经济封锁和军事分割，山东解放区各根据地处于相对孤立状态，货币仅能在本地小范围流通。但随着抗日力量的发展和解放区建设的推进，北海币的流通范围逐步扩大。

一方面，军事斗争的胜利为货币流通范围的拓展创造了条件。解放区军民通过一系列战役，收复了大量被日伪占领的地区，打破了地域限制。新解放的区域与原解放区连成一片，使得北海币顺势进入这些地区，其影响力逐渐辐射开来。例如，在一些交通枢纽和战略要地被解放后，北海币借助这些地区的贸易往来网络，加快了向外流通的速度。

另一方面，解放区经济政策的有效实施推动了货币流通。政府积极扶持商业发展，鼓励物资交流，建立起了较为完善的贸易体系。一些大型集市和贸易市场的兴起，吸引了众多商贩参与，他们在交易中广泛使用北海币，促进了货币在不同区域、不同群体间的流通。同时，解放区与周边地区的经济交流合作也日益频繁。通过以物易物、贸易往来等方式，将北海币推向了更广阔的区域。一些

---

① 李丕志、郝有林、卢金盛：《多重视角下的抗日战争时期北海银行货币斗争研究》，中共烟台市委党史研究院（烟台市地方史志研究院），https：//dsyjy. yantai. gov. cn/art/2024/2/27/art_49161_2904129. html。

周边地区的百姓和商人看到北海币稳定的价值和解放区良好的经济形势，也逐渐愿意接受并使用北海币进行交易。

货币流通范围的扩大带来了诸多积极影响。在经济上，促进了资源的优化配置。不同地区的特产、物资能够在更大范围内流通，解放区的工业原料和生活必需品供应更加充足，推动了工农业生产发展。在民生方面，百姓能够购买到更多种类的商品，生活水平得到提升，而且随着货币流通范围的拓展，解放区的金融体系也不断完善，为后续经济的进一步壮大奠定了坚实基础，同时增强了山东解放区的整体经济实力和凝聚力。

（四）全国货币统一的意义

全国货币的统一在中国近现代史上具有里程碑式的意义。货币统一促进了国内商品流通，推动了经济发展，同时也增强了国家统一意识，巩固了新生的人民政权，改善了人民生活，维护了社会公平。这对新时代金融建设中具有重要历史借鉴意义。

第一，全国货币统一具有重要历史意义。1948 年秋开始，辽沈、淮海、平津三大战役相继展开，军费开支浩大的问题更加凸显，各解放区、野战军的财政入不敷出，物价需要进一步稳定。为了有效统一货币、平衡财政，达到支援战争的目的，1948 年 12 月 1 日，以华北银行为基础，合并北海银行、西北农民银行，在河北省石家庄市组建了中国人民银行，并发行人民币，其成为中华人民共和国成立后的中央银行和法定本位币。[①]

首先，人民币的出现既是统一国家内部财经体系整顿的需要，也是中央与地方之间物资分配的需要。人民币统一的实现，得益于两个重要因素。第一，统一初期，中央与地方曾因经济利益问题而出现冲突，中央吸取教训，在新中国成立后实行的政策措施中，多

① 石磊、王丽英：《中国红色金融简史》，中国旅游出版社 2020 年版，第 183 页。

是从宏观的政治局面着眼来协调与地方的关系，地方的经济利益在政治原则下必须服从于中央全局；第二，在地方的服从之下，中央出台了一系列有力的行政措施来实现财经权收归中央的目标。地方仅成为中央政策的执行者。在双方的协作下，货币统一最终实现。因此，统一过程实际也是地方"妥协"于中央的过程。妥协的达成是以强力的政治原则为基础，以行政管理手段为措施。

其次，人民币的统一，深刻地影响了政府与民众之间的关系。政府在处理与民众的关系时，曾希望用市场手段来解决货币统一中的银元之战。然而，银元的广泛流通从根本上来说并不仅仅是投机资本操纵的结果，更多的是普通民众在面对不确定的货币体系时一种本能的经济自我防护。因此，单靠国家的市场手段很难即时生效。于是，中央改变思路，运用私商的财力与人力，以达成人民币下乡的目的。当国营贸易网络逐步完善，私商成为市场竞争对象时，政府逐渐接管市场，最终形成了以国营机构为主的生产与推销体系。在这一过程中，民众逐渐从市场的主导者变为边缘人。

最后，货币统一的实施也对20世纪50年代整个国家的经济政策产生了重要的影响。中华人民共和国成立初期，中央便提出要以工业立国，当时中国工业基础的薄弱，唯有以农产品作为积累的保障，这就不可避免地导致工农产品之间的剪刀差。[①] 货币下乡此时便成为实现这一原始积累的手段之一。最终，国家与农民之间的紧张关系集中地表现在了粮食问题上。为解决这一矛盾，陈云曾提出8种解决粮食问题的办法，即又征又配、只配不征、只征不配、原封不动（维持自由买卖政策）、"临渴掘井"（先自由买卖，若不行，再征配）、动员认购、合同预购、各行其是。此八种方案中，中央最终采纳了完全排除市场经济的第一种方案，即又征又配。这

---

① 王春英：《新中国货币统一初探（1949—1953）》，载《学术界》2012年第10期。

一政策将粮食的产、销、用置于国家的全面监管之下，将银元从农村市场驱逐出去，达成了货币的统一。

另外，在经济方面，在货币统一前，各解放区都有自己的货币，如北海币、冀南币、西农币等，不同货币之间的兑换存在困难，且汇率不统一，这严重阻碍了地区间的贸易往来和经济交流。货币统一后，打破了这种货币壁垒，使得商品能够在全国范围内自由流通，促进了各地区之间的物资交流和资源配置，为经济的恢复和发展创造了有利条件。统一的货币制度为国家制定统一的经济政策和金融法规提供了基础，使得政府能够对金融市场进行有效的监管和管理，规范金融秩序，防范金融风险。这有助于建立健全的金融体系，为国家的经济建设提供稳定的金融支持。

在政治层面，增强了国家统一意识。货币是国家主权的重要象征之一，全国货币的统一体现了国家的统一和中央政府的权威。在解放战争胜利的背景下，货币统一向全国人民展示了中国共产党领导下的新中国是一个统一的国家，增强了人民对国家统一的认同感和归属感，巩固了新生的人民政权。

在社会层面，改善了人民的生活。货币统一后，物价逐渐稳定，人民的生活成本降低，生活水平得到提高。同时，商品的自由流通也使得人民能够更容易地获取到各种生活物资，丰富了人民的物质生活。这对于改善人民的生活状况、增强人民的幸福感具有重要意义。此外，也促进了社会的公平。在货币不统一的情况下，一些不法商人利用货币汇率的差异进行投机活动，获取暴利，加剧了社会的不公平。全国货币统一后，这种投机行为得到了有效遏制，维护了社会的公平正义，为社会的稳定和发展创造了良好的环境。

1949 年 3 月，薛暮桥在《大众日报》撰文称，"货币统一以后，各解放区的经济生活即将完全打成一片，这将大大有助于生产的发展和市场的繁荣"。由此可见，货币统一让人民币在群众中生根发芽，信用日益稳固。这不仅体现了解放区集中财政经济工作的精要所在，而且展现出我们党基于马克思主义政治经济学原理领导经济工作的大智慧、大气魄、大担当。

第二，全国货币统一具有重要启示。建立独立自主的货币制度、实行开源节流的财政方针、通过公营部门掌握重要物资以增强稳定货币的物质力量等措施，都是新时代对金融建设中具有重要借鉴。这些经验和启示，对于我们今天的金融改革和发展仍然具有重要的指导意义。

其一，建立独立自主的边区货币制度。在抗日根据地扩大时，动员群众迅速排挤敌伪货币，建立抗日根据地的货币市场，同时组织主要物资的调剂，以物资支持抗日根据地货币的流通，保持物价稳定；在敌人进攻时，抗日根据地的区域暂时缩小，主要收缩边区货币流通范围，抛售退却地区积存的物资。

同时本着有利于抗日根据地货币币值的稳定、有利于抗日根据地重要物资（粮食、棉花等）的生产和收购、有利于军民必需品的输入并兼顾多余土产品输出的原则，根据两种货币购买力的高低和地区之间物资输出输入的实际情况，适时确定和灵活调整货币的比价。

其二，实行开源节流的方针，力争减少财政性的货币发行。贯彻"发展经济，保障供给"的财经工作总方针，为生产贸易的发展提供资金支持。以生产贸易的发展支持财政收支的平衡，从而保障战争供给和稳定市场物价。[①]

其三，通过公营部门掌握重要物资，增强稳定货币的物质力量。抗日根据地在进行货币斗争的过程中，实行集中统一领导，组织财政、银行、贸易各部门力量，以公营经济为骨干，把合作经济、私人经济力量组织起来，把货币斗争、贸易斗争和扶助生产、保证供给结合起来，统一步调、密切配合、广泛发动群众，以取得货币斗争的胜利。

---

① 袁满：《人民币崛起》，中信出版社 2022 年版，第 17 页。

山东解放区货币的统一与壮大，是解放战争时期山东解放区经济建设和金融发展的重要里程碑。在抗战胜利后，面对多种货币并存、物价波动剧烈等复杂局面，山东解放区政府采取了一系列有效措施，逐步实现了货币的统一和稳定。山东解放区货币的统一与壮大，不仅为解放战争的胜利提供了坚实的经济基础，也为新时代金融强国建设提供了宝贵经验和借鉴。它体现了人民的力量和智慧，展示了山东解放区在政治、经济、社会发展方面的成熟和进步。这一历史事件将永远铭刻在中国革命、建设和发展的史册上。

思考题

1. 山东解放战争对全国解放战争的胜利起到了哪些重要推动作用？

2. 山东解放区是如何建立起统一的货币管理机构和制度的？

3. 山东解放区是如何通过货币政策和物资储备等手段，有效地调控物价、保持经济稳定的？

第五章 山东解放区北海银行
历史使命的完成

1945 年 8 月，日本投降，按照山东省政府指示，北海币在全省范围内统一流通，货币统一的任务终于完成。抗日战争胜利后，随着山东革命形势的变化和国家金融工作的发展，北海银行的工作重心从农村开始向城市进行转移，最初先进驻部分中小城市开展城市业务，继而到中心城市等地。后在解放战争中，北海银行在中国共产党的领导下与国民党反动派展开了系列金融斗争，随形势变化而动态调整工作重点，不断巩固北海币地位，支持地方经济发展，繁荣市场，发挥出了革命银行的重要作用，作出了重要贡献，并与华北银行、西北农民银行组建成中国人民银行，为新中国金融体系的建立和完善奠定了重要基础。

一、抗战胜利后北海银行城市工作的初步开展

在抗日战争的尾声时期，山东成功地夺回了一系列被占领的广袤区域，扩展到了包括 127 个县级单位、22 个专员公署以及 5 个行政主任公署。这些地方的人口总计超过 2800 万，掌控的土地面积达到了 125000 平方公里。除了像济南、青岛、潍坊和兖州等地及周边的一些独立城市和乡镇外，其余的大部分乡村都已经实现了全面的解放。

（一）抗战胜利初期北海银行工作重心的转变

从抗日战争胜利到解放战争开始，山东解放区相对和平的时期随之到来，这为新解放城市的经济发展提供了良好的契机，新解放城市之金融业务开展变得异常紧迫，被提到了重要日程。

1945 年 8 月，中共中央山东分局要求将干部迅速集中起来使用于城市和交通要道，强调应该"完全占领一切中小城市及重要交通站。加紧大城市工作，抽调大批城工人员，利用一切可能积极打入……一直到里应外合武装起义的夺取大城市。对新地区工作，要以大刀阔斧精神积极开辟，从边沿区到铁路沿线及我占城市……选择重点，创造经验，力求中心突破，以便影响推动周围各地工作"。① 各地纷纷响应山东分局的指示精神，山东革命根据地曾经长期存在的只有农村却没有城市的现象正在经历巨大的转变。在这个阶段，我们党清醒地认识到必须从两个方面开展城市银行工作：一是把干部和资金聚集起来，然后分配到各个新解放的城市，以充实新解放城市尤其是经济中心的中小城市银行业务骨干力量，繁荣其市场；二是整合一部分农村业务交由地方政府之实业部门，比如农、副业及放款较为低利的渔、盐业等，同时农贷移交给地方政府部门还有利于将放款与发展当地经济紧密结合起来。由此，北海银行的工作重心随形势变化转移到了城市，全力发展城市工商业建设。这样，就做到了以地方政府为主导的农、副业等和以银行为主导的城市工商业的有机结合，而不至于顾此失彼。

这一时期，北海银行重点聚焦机构人员调整、业务转变、印钞及发行等领域展开工作。

第一，机构和人员调整。随着工作重心的转移，山东解放区各

---

① 中共山东省委党史研究室：《山东党的革命历史文献选编（1920—1949）》（第八卷），山东人民出版社 2015 年版，第 599～601 页。

城市迫切需要大量银行机构和银行从业人员来开展相关工作，北海银行随形势发展变化而在经济中心之中小城市等调整增设支行或办事处，并对之前存在的旧机构等进行整顿。例如，东海支行改称威海银行，驻址迁往威海，设三个办事处；胶东分行筹备增立了桃村、招北两个办事处；取消莱阳办事处和北海支行，后者合并于烟台支行，下设黄县城、龙口两个办事处；取消莱阳办事处，取消平度办事处，取消文登、乳山两办事处，将干部重新分配到所需银行进行工作；取消南海支行，成立南海办事处等。

第二，业务转变。北海银行在城镇的重点工作除发行货币以外，还聚焦以下几个领域。一是领导与管理中心城市的一些金融事业，如银行、钱庄等。相比以往在农村工作时取得的成熟经验，北海银行在领导和管理城市金融事业方面缺乏较为系统的经验，因此，对这一新工作领域给予特别重视，注重对金融事业的政策普及和正确引导。二是注重从资本补充和发展劳动力方面扶助生产和改良民生，有重点地发展与建立城市工作。这一时期，北海银行根据自身发展力量，采取了积极放贷而非救济的方式积极开展城市工作，在发展过程中更加注重对农贷、小手工业贷的支持，同时注意恢复之前破坏的中小城市商业，照顾所在区域工商业贷款，并按期催交利息与收回发放工作。三是开展汇兑工作。北海银行作出了先在各分行之间相互通汇，而非普遍发生汇兑来往的决定。这一决定是基于对当时形势的判断所作出的，其认为当时主要的汇兑工作应将重点放在树立内汇上，有重点地建立汇兑基点，试办外汇则可放在某些港口与通商口岸，或是与其他战略区建立汇兑关系。这样，北海银行就逐渐在调剂金融、扶助生产等方面发挥了重要作用，恢复了工商业的生产经营，为农民及渔盐民的生产奠定了良好基础，业务工作在城市得以铺展开来并取得了比较好的成效。

第三，印钞及发行。一是胶东印钞厂相关工作。1945 年日本投降后，胶东印钞厂抓住时机，采买胶板机等印钞机器和机床、动力机等相关设备，到年底，该厂共有印刷机器 41 部，机刀机器 8 部（其中 1 部不能用），旋床子、磨刀机等机床 4 部（其中 1 部不管用），柴油动力机 6 部（其中 3 部不管用）；另还有制版器材若干，包括照相机 2 架、镜头 1 个、晒架 3 个等。这一时期的工人（含练习生）合计 140 人，职员计 39 人，警卫班、炊事、饲养等勤杂人员计 31 人。这一时期印钞种类繁多，主要有贰佰元券、壹佰元券、伍拾元券、贰拾伍元券、拾元券、伍元券、壹元券、伍角券、贰角伍分、贰角和壹角等，但是由于对于新地区形势估计不足，调剂不够及时，拾元、伍元发行量不足，尤其是壹元以下的小面额辅币发行量过于稀缺，在一些地区甚至出现了把拾元、伍元币撕开作为小面额辅币使用的替代方法。① 二是渤海印钞厂相关工作。在抗日战争胜利之前，渤海印钞厂的生产力和生产工具相对是比较弱的，1945 年 9 月前共有职工 87 人，机刀、石印机、脚蹬子、六页机等可用机器仅 15 部。随着对日战略反攻的开始，按照上级指示，4 个月内职工数量增至 137 人，可用机器增至 21 部。② 抗日战争胜利以后，随着对货币需求量的猛增，渤海印钞厂及时调整工作方针，在保证质量的基础上提高了印钞数量，此外还格外注意在印钞过程中加强发行手续和制度的执行。这一时期，发行的票类主要有：仟元本票、伍佰元本票、佰元票、伍拾元票、拾元票、伍元票及其他辅币小票。后期由于解放区的不断扩大，而前期发行的大面额票过多，因此主要注重于发行小票。图 5 - 1 为北海银行百元票。

① 中国人民银行金融研究所、中国人民银行山东省分行金融研究所：《中国革命根据地北海银行史料》（第二册），山东人民出版社 1987 年版，第 208 ~ 212 页。
② 中国人民银行金融研究所、中国人民银行山东省分行金融研究所：《中国革命根据地北海银行史料》（第二册），山东人民出版社 1987 年版，第 220 ~ 221 页。

图 5-1　北海银行百元票

资料来源：山东省钱币学会：《北海银行暨鲁西银行货币图录》，齐鲁书社 1998 年版，第 170 页。

另外，这一时期，胶东分行、渤海分行、各支行及地方还针对发现的假钞配合省政府颁布施行了一系列办法，用一切方式开展反假斗争，基本将假票打下去，稳定了市场，维护了北海币的币值稳定。

在工作重心向城市转移过程中，北海银行在城市存款、放款、投资、汇兑等业务方面做了大量卓有成效的工作，并逐步认识到银行的营业性质，转变自身定位，积极配合地方政府，在扶助城市经济建设、发展繁荣市场和改善民生等方面作出了积极贡献。

（二）工作重心再度转向农村

自 1946 年 6 月底，国民党军队发起了针对山东解放区的全面进攻，山东解放区遭到极度破坏与重创。据统计，最惨烈时 127 座县中超过 9/10 被敌军所控制。各地区的储备资源也受到了严重冲击，其中渤海区的粮食库存减少了 5000 万斤，胶东区域的粮食库存减少了 4000 万斤，损失物资价值则为 40 亿元人民币。更为痛心的是，位于主战区的鲁中及鲁南两个地方的公粮和物资几乎全数丧失殆尽。北海银行之前对农村的农业和手工业等生产上领导较为放松的弊端也已经显露。8 月，在全省生产会议上，薛暮桥在报告中指出："我们的金融机关怎样扶助生产，繁荣市场。……我们必须建立乡村金融机构，使农民和手工业者可以按其生产需要随时获得贷款，这种乡村金融机构应吸收存款……首先银行要在各地遍设存放机关，并有巨大资金经常用作生产贷款。"[①] 随后在 9 月召开的分行行长联席会上，对今后的业务方针、收缩通货稳定物价的几项工作、接收农村贷款工作、提高存放款利率、与友邻地区汇兑问题等作出了具体决议，"决定今后银行直接经营农村工作"，[②] 在经济上加大对农村农业的扶持力度，以达到提高生产力和富裕农民生活的目的，解决衣食，支援前线，也有利于促进城市工商业的恢复和发展。为争取战争胜利，北海银行随即调整战时银行战略，大力对农村开展扶持，贯彻以农业为主的生产方针，大力支持农业和手工业的生产，并对城市工商业的发展进行扶助，有力地支持了山东解放区自卫战争胜利和经济恢复发展。

---

① 中国人民银行金融研究所、中国人民银行山东省分行金融研究所：《中国革命根据地北海银行史料》（第二册），山东人民出版社 1987 年版，第 269～270 页。

② 中国人民银行金融研究所、中国人民银行山东省分行金融研究所：《中国革命根据地北海银行史料》（第二册），山东人民出版社 1987 年版，第 271 页。

第一，重新恢复和健全银行机构。一方面是干部的配备。原来因银行工作重心转向城市而向政府移交的干部，无论是否转业，都应一律配合现在银行业务方针转变之工作，转回银行机构，从而使银行机构能够迅速建立和健全。另一方面在农村普遍建立银行机构，包括之前移交给政府实业部门的农贷也要一并转交回银行，大力促进农村农业生产恢复和手工业的发展。再则调整银行机构设置，专门在一些分行增设办事处、贷款所等，直接面向农村、深入农村，与当地党政民共同配合提高农业、农民、渔民、盐民等贷款的便捷程度。例如，北海支行增设四个贷款所——栖东、招北、福山、长山岛；东海支行增设海阳、荣成两个贷款所。

第二，调整业务重点。一是农村贷款是重点。在将工作重心重新转回农村后，北海银行根据山东省政府相关指示精神制定了农业贷款的办法等，规定扶助农业生产之贷款必须专款用于农业生产，而非单纯的"救济"农民，这就要求贷款机构对贷款的对象、农贷的使用方式、贷户的产生过程等都有较为详尽的了解，以求发放的贷款真正用于农业恢复生产。另外关于合作贷款、渔民贷款等都有详尽之规定。其中，合作贷款主要用于扶助农村地区的副业生产，如纺线、蚕丝等。二是紧缩非必要之城镇业务。为支援前线战争，确保赢得胜利，除必要的城镇业务外，其他业务均应收缩。必要的城镇业务如商业贷款之有关战争需要的物资调配，实物贷款之该实物需能为其他贷款发挥相应作用（如农具等），工业贷款之战时所需且以小规模的群众生产为主时才可进行贷款。三是关于汇兑业务，因不会影响本地区市场货币流通，则可仍按先前规定开展相关业务。另外还有诸如全力举办存款业务、清理欠旧、酌量收购黄金等业务工作需一并统筹进行。通过以上业务工作调整，北海银行在农村的银行工作取得了明显实效，如渤海分行在总结 1946 年工作时就指出，全年农贷共计 6933.6378 万元，合作放款 1495.05 万元，有效促进了农村经济的恢复和发展。①

第三，城市银行业务重点突出。这一时期，由于经济工作围绕的重心是为战争服务，因此城市工商业重点主要还是扶助为农业等服务的一些行业。这一时期，城市业务工作主要有以下几项。一是存款。存款方面，主要是大力引导存款，吸收游资。改变那种认为战时物价不稳定无人愿意存款因而不想办理此类业务的偏见思想和行为，必要时可以采取灵活之方式招揽存款，如酌量放宽透支尺度等。二是放款。放款方面，总体遵循的原则是慎重。对城市的群众性放款主要集中在扶持和组织他们进行生产上；对工业放款，从当时的形势来看，还是集中在能够扶助战争为需的相关工业，比如纺织、火柴等；对商业放款则把握更为严格，一般不放贷。

北海银行随山东解放区形势的变化而不断调整自己的工作重心，先由农村转到城市，而后再转回农村，虽然过程中经历了一些曲折，但从整体上看，其积极配合省政府的决定主动调整方针和业务方向，为解放战争初期整个山东解放区乃至华北地区战争的胜利提供了厚重的物质保障，作出了重要贡献。

二、北海银行向城市的全面进军

随着解放战争战略决战的到来，北海银行开始在兼顾农村的同时，又开启了向城市金融的进军，接管城市银行、整顿货币市场成为这一时期重要任务之一，先后顺利完成了对潍坊、济南、烟台、徐州、青岛等地银行的接收工作，并通过执行国家的金融机构职责来处理对外事务，其自身实力得到了显著提升。从农村到城市，再由城市到农村，再到兼顾农村与城市，北海银行紧密配合战争需

---

① 中国人民银行金融研究所、中国人民银行山东省分行金融研究所：《中国革命根据地北海银行史料》（第二册），山东人民出版社 1987 年版，第 438 页。

要，在中国共产党的领导下打赢了金融战争。

（一） 城市银行接管

第一，接管程序。对城市银行的接管主要集中在对潍坊、济南、徐州、青岛等国民党银行的接管。从整体来看，对国民党银行的接管主要有如下几个阶段。一是准备工作。在正式进驻该地国民党城市银行前，要做深入调查研究，学习中央及有关领导人对工商业的指示、对资产阶级政策的指示，学习其他地方取得的成功经验，学习有关真票伪票的识别方法等；要深入了解该城市有关城规划情况，各重要地理位置，准备好进驻所需的物资，做好接收计划等。二是接收步骤。进城后首先要考虑的就是建立好机构的问题，如办公、生活场所等。在具体的银行接收工作中，要全面系统统筹好有关安全、职员、会计接收、出纳接收、相关机器登记及仓库保管等工作，要非常地重视汇兑工作，配备好专门兑换人员。三是做好排法和小本贷款等工作。

第二，区分不同银行性质，采取不同接收方式。根据接收银行的性质，一般分为官僚资本银行、官僚资本与商股合办银行、私营银行、性质暂不明确的银行及外商银行等。对官僚资本银行的接收，一般采用原地接收方式，先将银行看管起来，寻找原工作人员进行造册移交，接收结束后一般将银行原机构打乱，但原机构人员可视情形量才使用。对官僚资本与商股合办银行，无论其总行是否在本地，首要的都是进行保护看管，以免在后续移交过程中遭受损失；与接收官僚资本银行不同的是，在审查完移交账目后，一般应通过召开董事会议等途径宣布清理结果，对其中商股（私人资本）部分资产进行发还。对私营银行，审查账目，令其进行负债申报，经核查后确为私人资本的，则发还相应资产，准予自行营业。若隐瞒与官僚资本合办银行的事实，查出后除需将官僚资本进行没收外还会对相应银行作出法律处罚。对性质暂不明确的银行，持保留态度，先行保护看管，待详细调查完成后视性质进行处置。对外商银行，暂时不宣布其是否合法，先向接管部门进行详细报告后视情形再行研究决定。特别指出的是，报告和签章要使用中文。

第三，接管经验对各城市银行接收的工作经验主要有：一是充足的准备是接收成功的前提，对干部进行政治和政策方面的教育是完全必要的；二是在接收过程中首要之任务是将库房及其他重要物品等看管起来，在"约法"的前提下与原银行旧有人员进行谈话及业务交接，确保能够安全地将库存及重要的文件等接收过来。另外，有关接收工作中原银行的旧职员工作问题，主要采取了解和教育的方式，根据他们个人的文化程度、政治表现、个人意愿等综合情况进行留用、安排转业或迁送回家（针对家在解放区的）。总的来说，对城市银行的接收工作做到了及时接管、秩序井然，整体比较顺利，但由于经验的缺乏也存在诸如物品丢失、政策吃不透导致工作开展不畅等一些问题。

（二）整顿货币市场

整顿货币市场主要集中在法币、金银、外汇管理等领域。1948年2月，山东省政府发布了有关禁止金、银、铜元代替货币流通的布告，指出生金银、元宝、银元、铜元禁止在市面作为货币使用或者是私自进行买卖，由北海银行按市场价收买。[1] 后又联合工商局、北海银行等陆续在其他领域作出系列动作，主要有：

第一，关于外汇移交。在收兑与没收方面，外汇必须在规定的地点进行携带和使用，在海口进口后必须进行兑换方可流通。在兑出方面，统一由银行或交易所及兑换所等外汇管理兑出。在汇票方面，由于大部分为大额通货，一般应禁止使用，但如对市场有较大

---

① 中国人民银行金融研究所、中国人民银行山东省分行金融研究所：《中国革命根据地北海银行史料》（第三册），山东人民出版社1987年版，第169页。

影响，则需严格登记并确认买卖成交数量，且指定购买人带回相关物资才可。

第二，关于打击法币（金圆券）。打击法币（金圆券）一方面是为了保护当时的经济市场，另外还对保护本币具有重要意义。主要的方法为：一是大力开展宣传，将国民党在战场上的失利情况、破坏生产情况及无力挽救的经济危机情况如实向群众进行说明，以免群众上当而被剥夺财产。二是开展群众性的排法运动。从源头上严防法币的流入干扰解放区市场，排法取得一定成效后本币应立即行动占领相关市场，边排法边对本币市场进行巩固。另外还采取了诸如停止收兑法币、金银暂不提价及推行以货易货方针等措施。

总体来看，对货币市场的整顿是以"排斥为主、收兑为辅"，从行动上来看是坚决而迅速的，整顿的目的主要是防止人民群众受到国民党蒋币的欺骗而遭受损失。从特点上来看，整顿过程中坚决依靠群众，在党的统一领导下密切联系群众开展相关工作，这是我们党早期经济工作群众路线的重要体现，是我们党全心全意为人民服务宗旨的重要体现。

三、北海银行城市业务的普遍展开

随着解放战争局势的明显好转，北海银行的城市业务有了遍地开花、大力开展的有利条件。这一时期，北海银行聚焦城市工业、商业、汇兑、清算、信托等业务做了大量工作，为整个山东的解放打下了坚实基础，为全省货币的统一、银行业务的系统成熟发展奠定了重要基础。

（一）工业贷款

自 1945 年秋季到次年春，北海银行在新解放城市和城镇开展

了小型信贷业务，主要应用于手工制造业的生产和建设。到 1947
年，又开始采用发放贷款来刺激生产的策略，以取代传统的救助方
式，并与废除旧币工作相辅相成，推广新货币使用。随后，在 1948
年秋，又开展了对小额贷款规定之调整。进入 1949 年后，基于在
小本贷款和小工业贷款的实践经验，北海银行进一步明确了公众借
贷需要结合合作社的发展模式，鼓励借款人共同参与管理经营，引
领他们的投资走向合作社这一领域。

（二）商业贷款

在中小城市举办信用、抵押两种贷款，支持公营及民营商业扩
大经营。虽然对公营企业的放款是主要的，但对扶助私营企业也有
较强的计划性，主要从有利于国民生计的角度给予适当扶持。以
1948 年为例，全年山东城市北海银行的放款总数为 1449062 万余
元，其中公营放款为 692829 万元，占 48%，私营企业为 752177 万
元，占 52%。[1]

（三）汇兑业务

1941 年 3 月，北海银行清河分行率先为抗日团体及个人开办汇
兑业务，汇费不超过 2%。8 月，北海银行胶东分行开办党政军民
款项汇拨业务。1943 年上半年，打通了清河、滨海及胶东各专区、
县的汇兑。1946 年 1 月，北海银行总行颁发汇款规程，暂以渤海、
胶东、鲁中、鲁南、滨海 5 个分行及总行临沂办事处为通汇地区。
6 月，胶东分行与东北银行安东分行建立汇兑关系。7 月，北海银
行总行制定《联行相互通汇暂行办法》。其后，由于国民党重点进
攻山东，汇兑业务停顿。1948 年 4 月局势稳定，北海银行总行决

---

① 中国人民银行金融研究所、中国人民银行山东省分行金融研究所：《中国革命根
据地北海银行史料》（第三册），山东人民出版社 1987 年版，第 301 页。

定，总行对各分支行处，各分行所属支行办事处，可照常通汇；分行与分行间事先恰妥亦可通汇。8 月山东解放区已连成一片，为促进公私贸易、交流物资和解决友邻地区货币兑换的困难，北海银行根据各行处干部水平及资金力量，暂制定交通要道及贸易频繁的 26 个口岸、城镇行处为通汇点。11 月，济南特别市分行开业后，与德州、潍坊、淄博等 11 处通汇，并与华北银行冀鲁豫分行聊城办事处订立通汇合同。1949 年上半年，省内通汇行处已有 56 个，省外通汇行处已有 34 个。6 月，北海银行制定《城市行处联汇实施办法》，决定济南、徐州、济宁、新海连、周村、淄博、潍坊、德州、益都、张店、青岛、总行 12 个行处自 7 月 1 日起建立联汇关系，由总行集中清理汇差，调拨资金。9 月，北海银行与 147 处邮局建立透支关系，支持邮局开展汇兑业务。[1]

通过实施货币兑换，不仅推动了城乡之间的物资交换，而且还为工业和服务业提供了有力的支持，使得金融机构能够更加灵活地调整其储备金分配，从而降低现金提取和运输所带来的困扰以及资金过剩的风险。

（四）清算业务

1949 年 5 月，位于济南的北海银行分行被授权尝试执行商业票据结算服务。这种服务的范围仅限于特定类型的票据，即该银行特别设计的定期存款单。这些定期存款单的有效期以及价值将根据接受方与发行方的协商来确定，仅用于内部信贷交易，不在市场上流通。只有当这些定期存款单到期时，才可以申请兑换并进行结算，按照预定的交付时间到银行，由银行负责转账。如果需要提前支取现金，可以提前向银行申请，获批即可办理贴现。对外地账户，可

---

① 中国人民银行金融研究所、中国人民银行山东省分行金融研究所：《中国革命根据地北海银行史料》（第四册），山东人民出版社 1987 年版，第 382～387 页。

以通过委托银行办理托收。

（五）信托业务

北海银行胶东分行于 1946 年宣布计划开展房地产管理服务的决定，并为此专门设置了一个名为"地产科"的专门机构。该机构还在包括烟台、威海以及龙口等地区设立了相应的地产运营处。然而，随形势变化，1948 年 9 月济南获得解放后，一个新的实体——北海银行济南特别市分行开始运作，设有"信托部"作为重要职能部门。这个新部门的主要职责是处理与房地产相关的各种事务，如租赁和代理保存物品等。该部门于 1949 年 4 月撤销。

（六）投资业务

早在抗日战争时期，北海银行就根据当时根据地的经济发展情况进行投资和创办工厂以及商号等。到 1946 年初，北海银行总行发布了重要文件——《山东省北海银行投资指南》，该指南明确了投资对象的范围，包括所有经过政府注册登记的公私工商业机构，且对投资额进行了限制，投资上限是不能超过自身资产总值的 60%。此外，规定的投资周期也有半年的时间限制。值得注意的是，如果未经北海银行事先批准，任何一家公司都不得从事与其主营业务无关的其他活动。但随着战争形势的变化，特别是国民党重点进攻山东时，原来良好的投资环境发生了巨大的转变。因此，除了为了提供实际贷款所需购买的部分产品以外，其他所有的投资项目都被迫停止运营。

（七）代理金库

1948 年初，依据华东财政委员会对于银行业务的相关指示，北海银行总行被赋予了代理金库的职责，这一职责成为该年的中心业务之一。此后，山东省政府采取系列措施积极落实代理金库有关业务工作。1月7日制定了《北海银行代理金库办事细则》,① 2月17日,又联合华东财办发出《关于原各级政府金库移交北海银行并由北海银行代理全省各级金库的指示》,② 规定了双方交接的具体步骤程序及所需手续等。全年共在全省组建了覆盖面广泛的各级金库共155个。金库制度的建立和健全,保证了财政收支的统一,促进了生产救灾和保证前方供给任务的完成(见图5-2)。

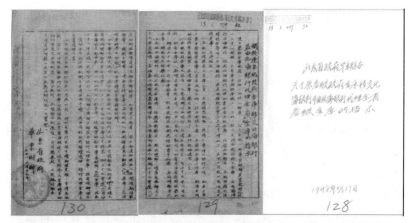

图5-2　1948年2月17日山东省政府、华东财办关于各级政府金库移交北海银行并由北海银行代理全省各级金库的指示

资料来源:山东省档案馆:山东档案信息网,2019年6月,http://dag. shandong. gov. cn/channels/ch05465/。

北海银行城市业务的普遍开展,是在战争支前、生产建设、继续克服灾荒的总任务下进行的,积极配合了党政统一领导下各有关部门的工作,在工作中克服了以往存在的一些孤立的作风,在农业

① 中国人民银行金融研究所、中国人民银行山东省分行金融研究所:《中国革命根据地北海银行史料》(第二册),山东人民出版社1987年版,第616页。

② 中国人民银行金融研究所、中国人民银行山东省分行金融研究所:《中国革命根据地北海银行史料》(第二册),山东人民出版社1987年版,第615~616页。

放收贷、工商业存放款、外汇管理、金库建设管理等领域积累了丰富的经验，为下一步全国银行业务的统一开展工作打下了坚实基础。

四、结束历史使命，组建人民银行

随着解放版图的扩大，北海银行进一步壮大。北海币的流通不仅覆盖山东、华东，而且还向南遍及中原陇海沿线，成为人民币发行前各根据地中流通地域最广、使用人口最多、影响范围最大、币值最为稳定的货币之一。但新的革命形势呼唤成立一个统一的全国性银行，北海银行即将结束十余年的历史使命。

（一）华北各解放区货币的统一

随着各解放区经济联系的日益紧密，为打破相互间货币关系的不协调，适应经济发展的新要求，统一各解放区货币势在必行。1948 年 5 月，华北银行拟定了《关于华北与山东两区间货币工作的协定（草案）》，[1] 就双方比价、资金兑换、汇兑、清算等各项工作分别作出相关规定。7 月，在党中央统一部署下，北海银行同华北银行等联合，对有关北海币、边币、冀币、华中币等的比价问题进行了磋商，确定相互之间的兑换比例，这为实现解放区内的货币统一奠定了坚实的基础。[2] 10 月，在华北与山东两地区北海银行之北海币、晋察冀边区银行之边币、冀南银行之冀南币实现按固定比价相互流通。11 月，北海币成为山东和华中地区本位币。

---

① 中国人民银行金融研究所、中国人民银行山东省分行金融研究所：《中国革命根据地北海银行史料》（第四册），山东人民出版社 1987 年版，第 11 页。

② 中国人民银行金融研究所、中国人民银行山东省分行金融研究所：《中国革命根据地北海银行史料》（第四册），山东人民出版社 1987 年版，第 34 页。

（二）中国人民银行的组建及之后北海银行作用的发挥

1948 年 12 月 1 日，以华北银行为基础，合并北海银行、西北农民银行，在河北省石家庄市组建了中国人民银行，并发行人民币，其成为中华人民共和国成立后的中央银行和法定本位币（见图 5-3）。由此，北海银行成为中国人民银行建立的三大基石之一。在迎接全国解放的关键时刻，北海银海依然在城市业务上发挥着重要作用。

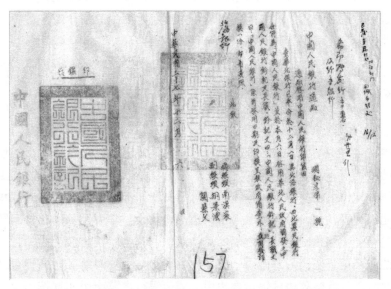

图 5-3　1948 年 12 月 6 日中国人民银行关于启用印信的通知

资料来源：山东省档案馆：山东档案信息网，2019 年 6 月，http：//dag. shandong. gov. cn/channels/ch05465/。

第一，大力吸收存款。一方面，不断改进吸收存款方式，通过召开公营企业座谈会、深入企业开展调研等方式全面了解公营企业业务活动规律，加强与其联系，同频共振加强国营企业计划性，同时通过多种渠道加大吸收私人存款。另一方面，折实储蓄存款。出台《北海银行折实储蓄存款暂行章程》，① 就整存整取、存本付息、零存整取、整存零取四种储存方式作出具体规定。

第二，全面开展国内汇兑业务。在济南、徐州、济宁、新海连、周村、淄博、潍坊、德州、益都、张店、青岛、总行共 12个行处建立联汇关系，就联汇制度、汇款种类、利息、限额、汇费等作出了较为明确的规定。这对繁荣生产、促进贸易有重要作用。

第三，增发各类贷款，活跃城乡经济。尤其是小本贷、小工业贷的发放都比以往有了较大增长，对城市平民、工人和劳苦群众的生产生活起到重要保障作用。此外，还在代理公营企业收款业务方面有了很大发展，并尝试办理公营企业票据交换及贴现业务等。

北海银行于 1949 年 11 月 1 日改称为中国人民银行山东分行，光荣完成了历史使命。

北海银行自 1938 年创建，在斗争较为复杂、货币发行较为混乱的山东地区历经艰难曲折和斗争，在乱局中诞生，在摸索中前进，在战火中成长，囊括了全省的发展、在胶东的重建、在鲁中的建立发展、渤海银行、鲁中南分行等几个阶段，逐步建立起独立的货币体系，直到 1949 年改称为中国人民银行山东分行，在存续的10 余年里，为服务保障地区经济稳定发展和改善民生提供了坚实的保障，为抗日战争胜利和解放战争胜利作出了巨大历史贡献，在中国金融史、革命史上留下了浓墨重彩的一笔。在这一过程中，体现出中国共产党人一以贯之的初心使命、坚定不移的理想信念、敢闯敢试的非凡智慧和砥砺前行的不屈意志。

---

① 中国人民银行金融研究所、中国人民银行山东省分行金融研究所：《中国革命根据地北海银行史料》（第四册），山东人民出版社 1987 年版，第 351 页。

思 考 题

1. 抗战胜利后山东解放区北海银行在城市工作的开展主要分为哪几个阶段，各阶段的重点任务是什么？

2. 为什么说北海银行是中国人民银行的三大奠基行之一？

尾论　山东红色金融事业的历史启迪

　　山东红色金融在中国金融史上具有举足轻重的地位。在抗日战争和解放战争期间,山东红色金融不仅为战争提供了必要的经济支持,还为根据地的经济建设奠定了坚实基础。通过建立金融机构、发行货币、开展信贷业务等手段,山东红色金融有效促进了根据地经济的发展,为抗日战争和解放战争的胜利提供了坚实的物质保障。此外,山东红色金融还推动了金融体系的完善和金融人才的培养,为新中国金融事业的发展奠定了重要基础。学习研究山东红色金融的历史贡献,总结历史经验,弘扬革命精神,对推动打造山东红色金融博物馆集群,建好用好山东红色金融博物馆以及证券、保险、票据、山东银行学校校史馆等分展馆,打造数字化展馆具有重要的指导意义;对彰显中国特色社会主义金融文化、建设新时代金融强国具有重要的历史借鉴意义和时代参考价值。

一、山东红色金融事业的历史贡献

　　山东红色金融是在中国共产党领导的山东地区革命战争过程中所进行的金融活动,这些活动不仅在政治上支持了中国共产党的政权建设,还在经济上为山东地区的工业生产和农业发展提供了重要的资金支持。同时,山东红色金融在军事斗争中也发挥了不可忽视的作用,为前线的战士们提供了必要的物资和经济保障,为山东地区的革命和建设事业奠定了坚实的基础。

（一） 山东红色金融对根据地政权建设的历史贡献

山东红色金融通过建立和完善金融机构，为根据地的经济发展提供了有力支持；通过提供财政支持和经济管理，为根据地政府的正常运转和政权建设提供了重要保障。因此，在政权建设方面，主要记述山东红色金融对革命根据地金融机构建设、根据地政府政权机构建设的历史贡献。

首先，对革命根据地金融机构建设的贡献。

北海银行作为山东红色金融的代表性机构，其创建和发展历程充分体现了中国共产党领导下的金融机构从无到有、由弱到强的成长过程。北海银行不仅为根据地提供了必要的金融支持，还通过发行货币、建立金融机构、开展信贷业务等手段，逐步构建起了一套相对完善的金融体系。

其次，对根据地政权机构建设的贡献。

山东红色金融支援了根据地政权建设。抗日战争时期，由于战争的长期性和残酷性，处于敌后的游击战争，没有根据地是不行的。根据地的经济是以分散的、落后的小农经济为主体的自然经济，只有少数种植经济作物、家庭手工业和小商品经济比较发达的地区。在根据地的广大农村里，封建土地所有制严重束缚农村生产力的发展，加以战前连年的军阀混战、天灾频繁，使农业生产长期处于衰落状态，人民生活困难。在这样经济落后的地区建立起来的革命根据地，又经常遭受日本侵略者的摧残和蹂躏，人民的生产和生活上的困难日益加重。革命根据地的财政就是在这个基础上建立和发展起来的。[①]

---

① 财政部财政科学研究所：《抗日根据地的财政经济》，中国财政经济出版社1987年版，第9页。

（二）山东红色金融对根据地农业发展的历史贡献

北海银行营业宗旨："为加强山东抗日根据地之经济建设，发展农村经济，增加农业生产，扶助工商业发展，统制对外贸易开展对敌经济斗争，巩固根据地经济基础。"[①] 因此，农业发展方面，主要记述了山东红色金融对革命根据地农村生产恢复、农业经济发展、农民生活安定的历史贡献。

首先，对革命根据地恢复农村生产的贡献。

山东红色金融特别是北海银行等金融机构通过筹措资金、发放农业低息贷款，为恢复和发展生产服务。"北海银行是人民大众的银行，更是农民的银行，它的根深深扎在齐鲁大地广阔的农村。抗日战争时期，北海银行发展农村贷款业务，稳定了抗日根据地的金融体系的同时，促进了根据地生产的恢复和发展；解放战争时期，北海银行的农贷业务对农业生产发展和农村经济复苏，以及支援战争的胜利起到了至关重要的作用。为支持根据地经济，北海银行在党的领导下，发放了农业贷款：1938 年北海银行创建后，即对农民发放无息贷款，帮助贫苦农民增加生产。1943 年，北海银行发放了春耕贷款、掘井抗旱贷款、灾民贷款、纺织贷款、运输贷款，并贷放了美棉种子、纺织用棉、纺车等实物。1944 年至 1945 年，北海银行进一步扩大农贷，支持大生产运动，准备反攻的物质基础。1946 年，北海银行农村贷款移交各级政府实业部门办理。"[②] 山东红色金融在实施减租减息政策以动员群众、促进根据地经济发展、解决军民基本生活需求方面发挥了重要作用。

---

① 中国人民银行金融研究所、中国人民银行山东省分行金融研究所：《中国革命根据地北海银行史料》（第 1 册），山东人民出版社 1986 年版，第 519 页。

② 王福萍：《党领导北海银行、鲁西银行金融发展中的历史经验——追寻红色金融足迹传承中国共产党精神》，载《齐鲁钱币》2023 年第 2 期。

其次，对革命根据地发展农业经济的贡献。

山东红色金融积极支持革命根据地发展农业经济。北海银行贷款有现金和实物两种方式，尤其是以多种实物贷款方式，支持根据地生产建设，活跃农村经济，抑制高利贷资本对农民的剥削。同时，北海银行恢复和发展了解放区经济，使人民群众在抗战胜利后得以休养生息，增强了解放区的经济力量。这对于发展农村经济、支援革命战争起了积极作用。

最后，对革命根据地安定农民生活的贡献。

在抗日战争和解放战争时期，北海银行通过发行货币、发放贷款和实物贷款等活动，以及严禁粮食、耕牛、棉花、毛皮等重要产品出口，保证了山东抗日根据地和解放区金融货币体系的基本稳定。1948年为支持生产救灾，胶东分行发放大批贷款。1949年3月，为克服灾荒、保证军队供给与改善人民生活，行署决定贷放粮食，支持全区顺利度过灾荒。群众中普遍流传着"民主政府的银行，是老百姓自己的银行"的口号。从1950年到1952年，在国民经济恢复时期，在对经济建设还缺乏经验的情况下，山东农村金融工作在支援生产救灾、恢复战争创伤、发展生产、帮助农民解决生产生活方面的困难等方面皆起到了积极的作用。农业生产和农民生活较快地得到了发展和提高。

（三）山东红色金融对根据地工业生产的历史贡献

山东红色金融在革命根据地的工业生产方面，详细记录了其对城市工业振兴、市场经济稳定以及市民生活恢复所作出的重大历史贡献。这些金融举措不仅为根据地的经济发展注入了活力，还为革命事业的持续发展提供了坚实的经济基础。通过有效的金融政策和措施，山东红色金融成功地促进了根据地内各类工业企业的兴起和发展，使得原本因战争而陷入困境的工业生产得以迅速恢复和壮大。同时，山东红色金融还通过稳定货币流通、控制物价波动等手段，为根据地市场经济的有序运行提供了有力保障。这些措施改善了市民的生活条件，增强了人民群众对革命事业的信心和支持力度。

首先，对革命根据地振兴城市工业的贡献。

为贯彻稳定市场、稳定金融、发展生产，山东红色金融机构及时发放工商业贷款。抗战胜利后百业待兴，各行各业需款甚殷，只能稳中求进。1946 年，北海银行辖属的临沂、石臼银行办事处，以扶持城市工业恢复发展为主，发放工业货款 450 万元（北海币），扶持造纸、纺织、烟社、酱园等。1948 年，人民政府针对南京国民政府留下的市场混乱、物价飞涨、投机商兴风作浪、人们惶惑不安的烂摊子，先后接收了国民党官办的煤矿、酒厂等为国营经济，并建立了实业公司、贸易公司、运输公司、花纱布公司、烟酒专卖公司等工商企业，银行给予积极支持。

其次，对革命根据地稳定市场经济的贡献。

1945 年 8 月抗战胜利后，北海银行胶东分行为组织发展工商业，恢复城市经济，在烟台、威海、龙口等工商业中心建立了银行机构。解放后在民主政府领导下，市场繁荣，生产恢复，物价稳定，人民生活得到改善。人们的交易不仅在店内，而且还搬到了集市上去。煤油、白糖、火柴、胶皮、布匹及各种土产品，琳琅满目，布满了街道两旁。各行业的交易，从早到晚繁忙异常，赶集的人数较前扩大百倍以上。繁荣的景象，不仅在敌伪时期没有过，就是在抗战前也未见过。

最后，对革命根据地恢复市民生活的贡献。

北海银行、鲁西银行等金融机构视情况发放工商业各类生产贷款和经营性投资，支持根据地经济发展和民众生产自救。"养鸡生蛋"，起初生产贷款和投资占鲁钞发行总额的比重不大，明显让位于军费开支，后来则有大幅提升。到 1943 年底统计，鲁西银行工业投资和贷款增加到 7100 万元，发放商业投资和贷款

1950 万元。[①] 各类贷款和投资收效显著，支持了民营商业、民营工业、公营事业及机关生产恢复经营，起到了迅速恢复生产、稳定市场、繁荣经济、平抑物价、安定人民生活的积极作用。

（四）山东红色金融对根据地军事斗争的历史贡献

军事斗争方面，主要记述了山东红色金融对革命根据地金融战线斗争、夺取抗日战争和解放战争最终胜利的历史贡献。作为中国人民银行前身三大银行之一的北海银行，曾经是山东革命根据地的银行，足迹遍布鲁中、鲁南、滨海、胶东、渤海等地区，持续时间长达 11 年。[②] 北海银行发行的北海币以其流通地域的广泛性、使用人口的众多性、影响范围的深远性以及币值的高度稳定性等显著特征，在中国革命金融史上书写了光辉灿烂的篇章。在抗日战争及解放战争时期，北海银行为确保战争的最终胜利、推动全国货币金融体系的统一进程，作出了不可磨灭的巨大贡献，为新中国金融系统的构建与完善奠定了至关重要的基础。

首先，对革命根据地获得金融战线斗争胜利的贡献。

在中国共产党的领导下，北海银行自成立之初，就将发行货币作为第一要务，为山东革命根据地与解放区的经济建设作出了卓越的贡献，在中国革命根据地货币史上占有重要地位。在抗日战争时期，北海银行通过发行北海币、进行商业贷款和投资经营等活动，为我军筹措经费、支持财政、巩固根据地政权、保证战争胜利立下了不可磨灭的功绩；解放战争时期，又在巩固好根据地金融业务（主要集中于农村）的基础之上，逐步开始接管城市银行工作，为国家货币金融的统一和新中国银行事业的起步和发展奠定了坚实的

---

① 王福萍：《党领导北海银行、鲁西银行金融发展中的历史经验——追寻红色金融足迹传承中国共产党精神》，载《齐鲁钱币》2023 年第 2 期。

② 《庆祝中国共产党成立 100 周年回首红色金融路（续）》，载《金融会计》2021 年第 7 期。

基础。

货币金融和商业贸易是根据地建设的重要方面，更是对敌斗争的一条重要战线。从北海银行的发展史可以看出，抗日根据地的开辟和建设，是在极其艰苦的条件下浴血奋战的结果，在中国共产党统一领导下，各根据地在加强军事斗争的同时建立发展起来的银行深入贯彻各项方针政策，在胜利粉碎日本侵略者对抗日根据地的扫荡、战胜自然灾害的困难等方面发挥了重要作用，迎来了抗日根据地扩大和发展的大好形势，也在根据地发展壮大的同时发展壮大了银行自身，为夺取抗日战争的最后胜利以及新中国金融事业的发展蓄积起力量。①

其次，对夺取抗日战争和解放战争最终胜利的贡献。

山东红色金融有力支援了抗日战争与解放战争。在党政军民的紧密协作下，鲁西银行成功开展了一系列富有成效的货币斗争，有效排除了日伪币、土杂钞及法币的干扰。此举在根据地内部成功构建起了以鲁西币为唯一合法本位币的货币市场，形成了稳定、高效的金融体系，粉碎了日寇通过货币战争实施"以战养战"的罪恶阴谋。同时，鲁西银行通过发行货币、贷款等银行业务以及投资、买卖等市场经营活动，筹措了大量资金，储备了丰富的抗战物资和充足的军需日用品，为抗日革命政权提供了有力的财政支持，成为全民族团结抗战的重要力量，为全国抗战胜利作出了不可磨灭的贡献。②

在中国人民解放战争中，山东是敌人进攻与争夺的重点地区，成为全国的主要战场之一。据不完全统计，为支援我军作战，从1945年10月至1949年10月的4年时间里，山东人民先后出动106多万民工、100多万大小车辆，往前线运送了10余亿斤粮食，数十

---

① ②　王福萍：《党领导北海银行、鲁西银行金融发展中的历史经验——追寻红色金融足迹传承中国共产党精神》，载《齐鲁钱币》2023年第2期。

亿斤弹药及作战物资，转运了 20 万余名伤员。支援我军胜利地进行了定陶、鲁南、莱芜、孟良崮、鲁西南、潍县、济南、淮海等 20 余个著名战役。① 在这长达 4 年的时间里，山东能够付出这样大的人力、物力、财力，人民的力量没有枯竭，原因在于山东已具备了支援大规模战争的经济基础，已成为我军坚实的后方战略基地。抗日战争胜利后，山东解放区的农业、工业、手工业、军事工业、交通运输业等都得到较大发展。

最后，对山东军工事业的贡献。

1938 年 3 月，胶东兵工厂的前身——修械所正式成立，工人们挑着炉担，随部队开进，负责保障修理枪支。当时的兵工生产，一没技术、二没原料、三没设备，完全是白手起家。1938 年 5 月，修械所扩建成为胶东根据地第一个兵工厂——黄县圈杨家兵工厂。② 可以说，没有山东红色金融的支持，也就没有军事工业的发展与壮大。抗日战争至解放战争时期，按照党中央的战略部署，在红色金融的支持下，人民兵工厂不断发展壮大，不仅工厂数量增多，而且技术水平也不断提高，从军维修发展为能生产制造轻武器。解放战争时期，是我军兵工生产的承前启后时期。相较于解放战争之前的兵工生产，解放战争时期的兵工生产无论是在工厂的数量与规模上，还是在武器装备的生产种类、质量以及人员专业素质方面，均实现了较大幅度的提升。同时，这一时期的兵工生产还为中国共产党领导下的新中国兵工生产体系奠定了坚实的基础。

综上所述，山东地区在中国红色金融事业中所作出的历史贡献不可忽视。自革命战争年代起，山东作为红色金融的重要发源地之一，为支持革命战争和根据地建设提供了坚实的经济基础。北海银

---

① 王东溟：《山东人民支援解放战争史》，山东人民出版社 1991 年版，第 33 ~ 34 页。

② 成森、李林英：《军工文化传承发展研究》，北京理工大学出版社 2020 年版，第 13 页。

行等红色金融机构在山东的建立和发展，不仅为革命事业提供了资金支持，还为新中国成立后的金融体系奠定了基础。山东的红色金融工作者们在极其艰苦的条件下，克服重重困难，创造性地开展工作，为红色政权的巩固和发展作出了巨大贡献。他们的英勇奋斗和无私奉献，为山东乃至全国的红色金融事业写下了光辉的一页。

二、山东红色金融事业的历史经验

在抗日战争和解放战争期间，山东红色金融事业蓬勃发展，为革命战争的胜利和新中国的建立作出了不可磨灭的贡献。山东红色金融不仅为革命战争提供经济支撑，更是党领导经济工作的生动实践。其发展历程与重要贡献，深刻揭示了山东红色金融的发展规律，给人们以深刻的历史启示。

（一）山东红色金融发展必须坚持中国共产党的领导

习近平总书记在中央经济工作会议上曾讲到"中国特色社会主义有很多特点和特征，但最本质的特征是坚持中国共产党领导。加强党对经济工作的领导，全面提高党领导经济工作水平，是坚持民主集中制的必然要求，也是我们政治制度的优势。"[1] 在不同历史阶段，中国共产党始终坚持对红色金融的绝对领导和"两手抓"的战略方针，一手紧握人民军队"枪杆子"、一手壮大红色金融"钱袋子"，牢牢把握红色金融前进的方向。党根据不同革命时期的纲领为红色金融指明了发展道路、制定了政策方针，领导红色金融奋斗前进。红色金融发展壮大的历史充分说明红色金融的一切成就都是在党的领导下取得的，坚持党的领导是红色金融从无到有、由小

---

[1] 中共中央党史和文献研究院：《习近平关于金融工作论述摘编》，中央文献出版社 2024 年版，第 23 页。

变大、由弱变强、最终走向胜利的根本保障，红色金融的核心就是坚持党的领导。①

第一，党的决策引领。在革命战争时期，党根据战争形势和经济发展需要，制定了一系列金融政策，为红色金融事业的发展提供了方向。

这些金融政策的制定，首先基于党对战争形势的深刻洞察。在战火纷飞的年代，金融作为经济的血脉，其稳定与否直接关系到战争的胜负和根据地的生存。党充分认识到金融在革命战争中的重要性，因此，在制定金融政策时，始终将战争需求放在首位，确保金融资源的合理分配和高效利用。

同时，这些金融政策也体现了党对经济工作的深刻理解和精准把握。党根据革命战争的实际需要，灵活调整金融政策，以满足农民、工人和革命队伍的金融需求。例如，党通过发行北海币等红色货币，解决了战争中的货币短缺问题，稳定了金融市场，保障了革命战争的顺利进行。此外，党还鼓励和支持农民生产、商业贸易和根据地建设，通过提供低息贷款、减免税收等方式，促进了经济的繁荣和发展。

第二，党的组织动员。面对战争的严峻形势和经济的紧迫需求，党通过其强大的组织体系和严密的组织动员，成功地将广大党员和群众紧密团结起来，共同参与红色金融事业，为革命战争提供了源源不断的经济支持。

党的组织动员能力首先体现在其严密的组织架构上。从中央到地方，从党组织到群众组织，党建立起了一个覆盖广泛、高效运转的组织网络。这个网络不仅为红色金融事业的发展提供了强有力的组织保障，也为党的各项政策和决策的贯彻执行提供了有力支持。

---

① 况昕、刘锡良：《红色金融"是什么""为什么行"的三重逻辑》，载《财经科学》2022 年第 10 期。

　　在红色金融事业中，党的组织动员能力得到了充分体现。党通过各级组织，广泛宣传红色金融的重要性和意义，激发党员和群众的热情和积极性。同时，党还通过设立金融机构、培养金融人才、制定金融政策等措施，为红色金融事业的发展提供了全方位的支持。

　　在组织动员的过程中，党特别注重发挥党员的模范带头作用。广大党员不仅积极参与红色金融事业，还通过自身的言行举止影响和带动周围群众。他们深入群众中，宣传党的金融政策，解答群众的金融疑问，帮助群众解决金融问题，成为红色金融事业的重要推动力量。

　　第三，党的监督管理。党对红色金融机构进行严格的监督管理，确保其依法合规经营，为革命战争的胜利和新中国的成立提供了坚实的经济保障。这种监督管理机制，不仅保证了红色金融事业的健康发展，也体现了党对经济工作的严格要求和高度负责。

　　在新的历史条件下，金融工作面临着更加复杂多变的形势与挑战。做好新形势下金融工作，必须强化党对金融事务的领导。"金融系统要切实把思想和行动统一到党中央决策部署上来，把我们的政治优势和制度优势转化为金融治理效能，确保金融事业始终沿着正确的方向前进。"[1] 同时，要加强金融监管力度，完善地方金融监管体系，实施地方金融监管一体化工程。开展地方金融组织规范整治，严厉打击非法金融活动，健全金融消费者权益保护机制。"要增强金融思维和金融工作能力，坚持经济和金融一盘棋思想，统筹推进经济和金融高质量发展，为以中国式现代化全面推进强国建设、民族复兴伟业作出新的更大贡献。"[2]

---

　　[1]　中共中央党史和文献研究院：《习近平关于金融工作论述摘编》，中央文献出版社2024年版，第30页。

　　[2]　中共中央党史和文献研究院：《习近平关于金融工作论述摘编》，中央文献出版社2024年版，第32~33页。

（二）山东红色金融发展必须坚持以人民为中心的价值取向

"以人民为中心的发展思想，不是一个抽象的、玄奥的概念，不能只停留在口头上、止步于思想环节，而要体现在经济社会发展各个环节。要坚持人民主体地位，顺应人民群众对美好生活的向往，不断实现好、维护好、发展好最广大人民根本利益，做到发展为了人民、发展依靠人民、发展成果由人民共享。"① 这是习近平总书记的谆谆教诲，也是金融事业发展的方向标。

人民立场是红色金融事业发展的出发点和落脚点。在山东红色金融的发展历程中，始终坚持人民立场，把满足人民群众的金融需求作为工作的出发点和落脚点。红色金融机构积极为人民群众提供便捷、高效的金融服务，支持农民生产、农业发展和根据地建设，赢得了人民群众的广泛支持和信赖。

第一，服务群众。北海银行、鲁西银行等红色金融机构积极为人民群众提供存款、贷款、汇兑等金融服务，满足人民群众的金融需求。在存款方面，红色金融机构提供安全可靠的储蓄渠道，让人民群众放心地将积蓄存入银行，实现财富的积累；在贷款方面，它们根据人民群众的实际情况和需求，提供灵活多样的贷款产品，帮助他们解决生产、生活中的资金问题；在汇兑方面，红色金融机构建立了完善的汇兑网络，方便人民群众进行资金的划转和结算。

第二，助力生产。红色金融机构通过发放农业贷款、工业贷款等方式，支持农民生产、工业发展和根据地建设，推动经济发展。这种助力生产的做法不仅促进了经济的繁荣，也提高了人民群众的生活水平。

首先，红色金融机构通过发放农业贷款，积极支持农民的生产活动。在农业领域，农民往往面临着资金短缺、技术落后等问题，

---

① 《习近平著作选读 第1卷》，人民出版社2023年版，第438页。

这制约了农业生产的发展。红色金融机构根据农民的实际需求,提供低息、长期的农业贷款,帮助他们购买种子、化肥、农具等生产资料,改善生产条件,提高农业产量。这不仅增强了农民的生产能力,也为根据地的粮食供应提供了有力保障。

其次,红色金融机构还通过发放工业贷款支持商业贸易和根据地建设。在革命战争年代,工业和商业的发展对于保障战争胜利和满足人民群众需求具有重要意义。红色金融机构通过向工业企业和商业企业发放贷款,帮助它们解决资金问题,扩大生产规模,提高产品质量,推动工业和商业的繁荣发展。同时,这些贷款还用于支持根据地的基础设施建设,如道路、桥梁、水利等,为根据地的发展提供了坚实的物质基础。

第三,维护金融稳定。红色金融机构通过发行北海币进行货币斗争等方式,维护金融稳定,保障人民群众的经济利益。这种维护稳定的做法,为革命战争的胜利和新中国的成立提供了坚实的经济保障。

首先,红色金融机构深知金融稳定对于一个革命根据地的重要性。在战争年代,金融市场的波动往往会给人民群众的生活和革命战争带来极大的影响。为了维护金融稳定,红色金融机构通过发行北海币等红色货币,有效地控制了市场中的货币供应量,防止了通货膨胀和货币贬值。同时,它们还采取了一系列措施,如设立金融监管机构、加强金融法规建设等,确保金融市场的规范运行,防范金融风险。

其次,红色金融机构在维护金融稳定的过程中,特别注重与人民群众的联系和互动。它们深入了解人民群众的金融需求,积极为他们提供存款、贷款、汇兑等金融服务,帮助他们解决生产、生活中的资金问题。同时,红色金融机构还通过举办金融知识讲座、发放金融宣传资料等方式,向人民群众普及金融知识,提高他们的金融素养和风险意识。这种贴近人民群众的金融服务,不仅赢得了人民群众的信任和支持，也为维护金融稳定奠定了坚实的群众基础。

此外，红色金融机构还通过进行货币斗争，维护了红色货币的信誉和价值。在战争年代，货币斗争是金融斗争的重要组成部分。红色金融机构通过加强防伪技术、打击假币等行动，有效地维护了红色货币的信誉和价值。这种对假币的零容忍态度，不仅保护了人民群众的经济利益，也维护了金融市场的稳定和秩序。

在新的历史条件下，金融工作要始终坚持维护人民群众的金融利益，坚持一切为了人民，金融发展成果由人民共享。我们要深化金融改革，创新金融产品和服务，提高金融服务的覆盖率和质量，让人民群众享受到更加便捷、高效、安全的金融服务。同时，我们还要加强金融知识普及和宣传教育工作，提高人民群众的金融素养和风险意识。

（三）山东红色金融发展必须坚持货币主权

在山东红色金融的发展历程中，始终坚持货币主权，发行了北海币等红色货币。这些红色货币作为特殊的货币形式，具有广泛的流通性和稳定的币值，为抗日战争和根据地建设提供了有力的经济支持。货币主权的坚持，确保了红色金融事业的独立性和自主性。

第一，发行红色货币。发行红色货币是红色金融机构在特定历史时期为应对战争形势和经济发展需要而采取的重要经济举措。在抗日战争和解放战争时期，山东地区的红色金融机构（如北海银行等）根据革命战争的实际需求，发行了北海币等红色货币。这些货币的发行，不仅为革命战争提供了必要的经济支持，更在深层次上体现了对货币主权的坚持和对经济工作的深刻理解和精准把握。

首先，发行红色货币是红色金融机构在货币主权上的坚定立场。在战争年代，外敌的经济侵略和破坏往往通过货币渗透来实现。红色金融机构通过发行红色货币，确保了本地区经济金融的独立性和稳定性，有效地防范了外敌的经济侵略和渗透。这不仅体现了红色金融机构对国家货币主权的坚定捍卫，也显示了其对经济金融安全的高度重视。

其次，红色货币的发行展现了党对经济工作的深刻理解和精准把握。在战争年代，经济工作的重要性不言而喻。红色金融机构根据战争形势和经济发展需要，适时适量地发行红色货币，以满足革命战争和经济发展的需要。这种精准把握经济脉搏、灵活调整经济策略的能力，体现了党对经济工作的深刻理解和精准把握。同时，红色货币的发行也促进了当地经济的繁荣和发展，为革命战争的胜利奠定了坚实的经济基础。

此外，红色货币的发行还体现了红色金融机构对人民群众利益的关心和保护。红色货币作为革命战争时期的特殊货币形式，其设计和发行都充分考虑了人民群众的实际需求和使用习惯。这种以人民为中心的设计理念，让红色货币更加贴近人民群众的生活，赢得了人民群众的广泛支持和信赖。同时，红色金融机构还通过宣传教育和普及金融知识等方式，提高人民群众的金融素养和风险意识，进一步保护了人民群众的经济利益。

第二，维护币值稳定。在革命战争时期，红色金融机构肩负着维护红色货币币值稳定的重任。它们通过一系列精准有效的措施，如调控金融市场、打击假币等，确保了红色货币的信誉和价值，从而保障了人民群众的经济利益。

首先，红色金融机构通过调控金融市场来维护币值稳定。在战争年代，金融市场往往面临巨大的波动和不确定性。红色金融机构根据革命战争的需要和经济发展的实际，采取适当的货币政策，调控金融市场的供求关系，防止通货膨胀和货币贬值。这不仅有助于保持红色货币的购买力，还有助于稳定物价和市场秩序，为革命战争的胜利创造了良好的经济环境。

其次，红色金融机构严厉打击假币行为，维护红色货币的信誉和价值。假币的流通会严重破坏金融市场的秩序和稳定，损害人民群众的经济利益。红色金融机构通过加强防伪技术、提高公众防伪意识、建立举报奖励机制等措施，有效地打击了假币的制造和流通。

第三，抵御外敌经济封锁。在抗日战争时期，面对敌人的经济封锁和破坏，红色金融机构通过发行红色货币、开展货币斗争等方式，有效地抵御了敌人的经济侵略。抵御外敌经济封锁，彰显了党对货币主权的坚持，也展示了党对国家安全的高度负责。

"金融是现代经济的核心。保持经济平稳健康发展，一定要把金融搞好。"[1] 新形势下，需要赓续革命战争时期坚持党的领导、坚持人民立场等优良作风与经验，为建设新时代金融强国、实现金融高质量发展而接续奋斗。

三、山东红色金融事业的革命精神

习近平总书记在党史学习教育动员大会上指出："中国革命历史是最好的营养剂，重温这部伟大历史能够受到党的初心使命、性质宗旨、理想信念的生动教育，必须铭记光辉历史，传承红色基因。"[2] 山东红色金融历经抗日战争与解放战争两个重要历史阶段，对于军政供给的稳健维持、根据地建设与发展的有力推动，以及人民生活水平的切实改善，均发挥了不可或缺的金融保障作用，铸就的革命精神永垂不朽。

第一，白手起家、大胆创新精神。"白手起家、大胆创新精神"，意味着从零开始，不畏艰难，勇于探索未知领域，敢于在金融事业的初创期迈出决定性步伐，这是山东红色金融先驱们面对物

---

① 习近平：《在十八届中央政治局第四十次集体学习时的讲话》，载《人民日报》2017年4月27日。

② 中共中央党史和文献研究院：《十九大以来重要文献选编》（下），中央文献出版社2023年版，第142页。

资匮乏、条件艰苦时的无畏勇气与开创性思维的体现。

掖县北海银行于局势动荡不安的全面抗日战争爆发不久的背景下应运而生。在革命战争初期，由于敌人的封锁和围剿，革命根据地经济困难、金融资源匮乏。鉴于当时缺乏专业的金融人才，该行主动寻求并邀请了因战乱而返乡避难的原中鲁银行总经理张玉田加盟，并通过其人脉资源，联络招募了一批具有深厚银行业务知识的老银行职员。面对无票版及票纸供应的困境，该行遂派遣专人前往被敌人严密封锁的天津与青岛进行采购，他们巧妙地将铜版藏于金属箱中，利用铁链将其固定于船底，秘密运回掖县。北海银行初创者们就是凭借这种不等不靠、主动作为的创业精神，开创出北海银行红色金融的大天地。① 在战火纷飞的时代，鉴于书籍资源的匮乏与现成制度参考的缺失，北海银行的工作人员在实践中不断摸索并总结经验。他们凭借坚定的信念和顽强的毅力，从零开始，逐步建立起由总行、分行、支行、县办事处及代办所等层级构成的金融体系。他们利用有限的资源，开展货币发行、存贷款、汇兑等业务，为革命根据地提供了必要的金融支持。山东红色金融的先驱们敢于打破常规，大胆创新金融产品和服务模式。他们发行了流通券、救济券、纸币等多种形式的货币，建立了灵活的存贷款制度，开展了包含汇款种类、利息、限额、汇费等规定明确的汇兑业务，为革命根据地提供了更加便捷、高效的金融服务。同时，他们还积极探索金融与实体经济的结合方式，通过支持农业、工业等产业的发展，促进了革命根据地的经济繁荣。

山东红色金融所铸就的"白手起家、大胆创新精神"，不仅为革命事业的胜利提供了有力的经济支持，也为新时代金融事业的发展提供了宝贵的经验。在新时代，我们要继续发扬这种精神，加强

---

① 贺传芬：《铭记红色金融历史 传承北海银行精神》，载《中国钱币》2021 年第6 期。

金融创新，提高金融服务的质量和效率，为经济社会发展提供更加有力的金融支持。

第二，爱岗敬业、艰苦奋斗精神。在山东红色金融的发展历程中，形成了具有鲜明特色的"爱岗敬业、艰苦奋斗精神"。该精神不仅体现了金融从业者对职责的极致忠诚与深厚情感，而且在他们勤勉尽责的实践中得到了具体体现。在抗日战争与解放战争时期，面对极端恶劣的环境条件和物资短缺的严峻挑战，山东红色金融的开拓者们凭借坚韧不拔、艰苦奋斗的精神，战胜了一系列难以预料的困难。他们深入基层，与民众共度时艰，深刻认识到唯有通过不懈奋斗，方能在逆境中求得生存与进步。他们不惧艰难险阻，勇往直前，凭借智慧与辛勤，以坚定的信念和无私的奉献，推动了红色金融事业的繁荣发展。这种精神成为后世金融从业者效仿的典范，激励着他们在各自的岗位上持续奋斗，立足地域特色以及自身文化优势，不断加强金融文化品牌培育和价值塑造，提振行业精神风貌，为国家的繁荣昌盛贡献自己的力量。

第三，不惧挑战、敢于斗争精神。"不惧挑战、敢于斗争精神"，是指面对国内外复杂局势和金融领域的重重挑战时，山东红色金融工作者所展现出的坚定立场与顽强斗志。他们勇于直面问题，敢于斗争、善于斗争，保障了红色金融的安全与发展。

红色金融的创建与发展，一方面是在克服国民党的经济封锁、严酷的社会经济地理环境的过程中实现的，另一方面是在与白色金融、黄色金融和其他"非红色金融"开展货币斗争的过程中实现的。[①] 党的早期金融工作者在面对全方位处于劣势的金融战役中，展现出非凡的勇气与决心，不畏艰难险阻，与多方金融势力展开了智慧与勇气的较量。他们巧妙地将货币作为斗争的锐利武器，进行

---

① 吕新发：《红色金融的概念、内涵与当代价值研究》，载《金融理论探索》2021年第3期。

了一场艰苦卓绝且英勇无畏的金融斗争。

在全民族抗日战争时期，各个敌后抗日根据地相继创立了各自的银行机构，并设计发行了服务于根据地民众的专属货币。鉴于当时货币流通环境极度复杂混乱，各根据地发行的抗币一经投放市场，便迅速与敌伪货币展开了多层面的激烈竞争，包括比价竞争、市场控制权的争夺等多元化的斗争形式。通过持续不懈的努力，这些根据地逐步建立起具有鲜明区域特征的独立货币体系，有效地维护了边区和根据地金融秩序的稳定，并为当地生产的恢复与发展提供了有力支撑。这一系列精心策划的举措，在抗击日寇、巩固抗日根据地以及促进根据地经济繁荣方面发挥了至关重要的战略作用。

第四，以民为本、为民服务精神。"以民为本、为民服务精神"，强调红色金融始终将人民群众的利益放在首位，通过提供便捷、普惠的金融服务，满足人民的基本经济需求，体现了深厚的为民情怀。

一是创立初衷：根植于民，服务于战。山东红色金融的创立，本身就是以民为本精神的直接体现。在抗日战争和解放战争期间，面对敌人的经济封锁和军事围剿，山东革命根据地面临着严峻的金融挑战。为了保障军需民用，支援前线作战，山东红色金融机构应运而生。它们不仅发行了多种形式的货币，满足了革命战争对资金的需求，还通过存贷款、汇兑等业务，为根据地内的工农业生产、商业贸易和民众生活提供了必要的金融支持。这种从民众需要出发、以解决民众实际问题为目标的创立初衷，正是山东红色金融以民为本、为民服务精神的生动写照。

二是运营实践：贴近民生，优化服务。在运营实践中，山东红色金融机构始终将民众的利益放在首位，不断优化服务，提升服务质量。它们通过建立完善的金融服务体系，实现了金融服务的广泛覆盖和便捷获取。特别是为响应党中央开展减租减息运动的号召，北海银行主动增发农业贷款，降低贷款利息，巩固了党中央抗战时期土地改革的成果。针对根据地纺织原料短缺的问题，北海银行实施了棉花种植贷款政策，该政策免收利息，同时积极拓展与纺织业相关的贷款与投资活动。这些措施极大地促进了根据地纺织产业的繁荣发展，至1942年底，根据地已基本实现了纺织品的自给自足。① 这种贴近民生、优化服务的做法，赢得了民众的广泛赞誉和支持，也进一步巩固了红色金融机构的群众基础。

三是社会责任：助力民生，回馈社会。除了直接的金融服务外，山东红色金融机构还积极履行社会责任，通过参与社会公益事业、支持地方经济发展等方式，为民众提供更多的帮助和支持。例如，在抗日战争和解放战争期间，红色金融机构就积极参与了救灾救济、医疗卫生、教育文化等公益事业的建设和发展，为民众提供了必要的物资和精神支持。同时，它们还通过发放贷款、提供技术支持等方式，支持了农业、手工业、商业等产业的发展，促进了地方经济的繁荣和社会的进步。

第五，大公无私、清正廉洁精神。"大公无私、清正廉洁精神"，是指红色金融工作者坚守的道德底线与职业操守。他们公私分明，廉洁奉公，以实际行动维护了金融领域的纯洁性与公正性。清廉是北海银行精神谱系的内核之一，存在于北海银行的每一个历史阶段、每一项重大决策中，并深刻影响着北海银行从业人员的言行举止。

一是坚守清正廉洁的职业操守。在银行业的工作核心中，金钱与物资的管理无疑占据了举足轻重的地位。北海银行的员工们，其日常工作便是与这些金钱物资紧密相连，进行着精细的筹措与调配。然而，在当年物质条件极为匮乏的艰苦环境下，面对着大量的钞票与丰富的物资，北海银行的工作人员却展现出了难能可贵的大

---

① 贺传芬：《铭记红色金融历史 传承北海银行精神》，载《中国钱币》2021年第6期。

公无私、清正廉洁精神。他们不因身处与金钱直接打交道的岗位而心生贪念，反而始终坚守着清正廉洁的职业操守，以实际行动诠释了何为真正的职业操守与高尚品格。这一品格从当时经费标准中可见一斑：墨水每人每月半瓶，办公纸每人每月两张；灯油每灯每夜一两，六、七、八月每灯每夜半两；等等。①

二是维持清廉如水的高尚品质。北海银行与山东分局协同合作，成功地为中共中央及八路军总部秘密输送黄金。由于受到日伪军的处处盘查封锁，运送黄金往往是通过人身携带的方式进行，每人携带 10 两左右。② 山东根据地募集的 13 万两黄金，耗时数年、用人无数，仅靠人力随身携带，从胶东运至 1500 公里以外的延安，未损分毫，谱写了历史传奇。③ 在漫长的千里征程中，未出现任何黄金遗失的事件。面对黄金的诱惑与生命的危险，北海银行的工作人员凭借革命信仰和坚定的信念，维持了其清廉如水的高尚品质。

弘扬大公无私、清正廉洁的精神，对涵养风清气正的政治生态、落实习近平总书记关于廉洁文化建设的重要论述精神具有重要意义。特别是要把加强金融廉洁文化建设作为一体推进不敢腐、不能腐、不想腐的基础性工程抓紧抓实抓好。坚持以良好金融文化弘正气、树新风，锲而不舍地纠治"四风"，打造清廉金融机关、金融企业。

第六，信仰至上、矢志理想精神。"信仰至上、矢志理想精神"，则是对共产主义信仰的坚定追求和对革命理想的矢志不渝，这种精神力量激励着红色金融工作者在艰难困苦中不忘初心、牢记使命，为实现党的金融事业和民族解放的伟大目标不懈奋斗。在偏远且经济欠发达的农村地区，北海银行的工作人员在山洞、茅草

①② 贺传芬：《铭记红色金融历史 传承北海银行精神》，载《中国钱币》2021 年第 6 期。

③ 崔红、李剑锋：《鉴史问廉：从北海银行历史看清廉金融文化传承》，载《中国银行业》2022 年第 9 期。

屋、地下室等艰苦环境中，一手持枪，一手掌管财政，一边进行战斗，一边开展工作。即便面对如此艰难的条件，北海银行的员工们依然坚守岗位，勤勉尽责，无私奉献，不考虑个人利益，全心全意为革命事业贡献力量。在这一过程中，涌现出了众多令人敬佩的英雄人物，他们中的许多人后来成为了新中国金融事业的开拓者和奠基者。

红色金融的精神谱系，不仅体现了中国共产党早期金融工作者的集体形象和职业道德标准，而且反映了他们在红色金融实践中所坚持的崇高信仰、对伟大理想的献身精神以及在道德和专业素养上的卓越表现。这一精神谱系是红色金融核心本质的体现，也是其持续发展和创新的不竭动力源泉。因此，要把弘扬中国特色金融文化作为传承中华传统美德、培育践行社会主义核心价值观的重要举措，推进社会主义核心价值观融入防风险强监管促发展工作主线，加强金融系统精神文明建设，将弘扬践行金融文化主题融入承诺践诺、岗位练兵等实践活动，打造新时代文明实践金融服务站。"学史崇德、学史力行"，我们必须以高度的政治责任感，继承和发扬山东红色革命的精神遗产，承担起新时代赋予的历史使命，传承红色基因，赓续红色血脉。

四、山东红色金融事业的当代价值

山东红色金融的发展历程，构成了党史教科书中极为生动的篇章。其历史成就极为显著，实践创新极为突出，伟大精神极为感人。该历程对于新时代党的建设、思想政治教育、理想信念教育、社会主义核心价值观培育，以及中国特色社会主义经济建设、金融发展创新、金融伦理和职业道德教育，具有重要的激励斗志、指引方向、坚定信念、凝聚力量、启迪智慧、磨砺品格的历史借鉴和现实意义。

（一）理论价值：挖掘红色精神，汲取历史经验

中国共产党领导下的红色金融发展史，是中国共产党百年奋斗史不可或缺的组成部分，是立德树人、资政育人、继往开来所取之不尽的丰富宝藏。它不仅是金融史的重要组成部分，更是中国革命史、中国共产党史的重要篇章。

从理论形态看，红色金融历经近百年的沉淀，已经成为党和国家珍贵的历史文化资源。这些资源取之不尽，用之不竭，历久弥新，让中国人民受益无穷。红色金融文化作为革命文化和金融文化的统一体，不仅体现了信仰至上、为党理财、艰苦奋斗、爱岗敬业、清正廉洁等核心价值理念，还具有显著的以文化人的熏陶滋养作用。在山东抗日根据地，红色金融机构在极其困难的条件下，坚持发行抗日根据地货币，打破敌人的经济封锁，为抗日战争的胜利提供了强有力的金融支持。这种精神和实践，不仅在当时发挥了重要作用，也为后来的金融事业提供了宝贵的经验。

此外，红色金融文化还反映了党的金融思想理论从无到有、不断丰富完善的创新历程。从最初的金融实践探索，到后来的金融制度建设，再到金融理论的发展和完善，山东红色金融为新时代中国特色社会主义金融事业发展奠定了重要的基础。在山东抗日根据地，红色金融机构在发行货币、建立银行、开展金融合作等方面进行了大量实践探索，积累了丰富的经验。这些经验为当时的抗日战争、解放战争提供了金融支持，同时也为后来的金融改革和发展提供有益的价值参考。

从红色金融史中汲取丰富营养，赓续红色金融血脉，对于走中国特色社会主义金融发展之路具有十分重要的指导意义。新时代金融工作者应该深入学习红色金融史，了解红色金融文化的精神内涵和价值理念，从中汲取智慧和力量，推动金融事业不断向前发展。

（二）实践价值：传承红色精神，助力新时代金融发展

金融与经济发展密不可分。山东革命根据地的红色金融，就是一面搞生产，一面搞金融，让金融更好地服务于经济，发挥金融的最大效用，解决战时根据地的经济问题。进入新时代，习近平总书记仍强调："经济兴，金融兴；经济强，金融强。经济是肌体，金融是血脉，两者共生共荣。"① 在新时代背景下，传承红色金融精神，推动金融事业不断发展，对促进金融高质量发展、建设金融强国具有重要意义。

第一，山东红色金融政权建设助力完善党领导金融工作的体制机制。山东红色金融是中国共产党在革命时期领导金融事业的重要实践，深刻体现了党对政权建设的重要性。这对于党和国家的金融事业发展具有重要的历史资政镜鉴作用，对完善党领导金融工作的体制机制具有重要参考价值。

山东是中国红色金融最早的诞生地之一。在抗日战争和解放战争时期，中国共产党在山东地区统筹"枪杆子"和"钱袋子"，通过领导金融事业，为革命战争提供了坚实的经济支撑。山东红色金融通过发行货币、债券，鼓励合作社发展，开展实业投资等活动，为根据地提供了必要的经济资源。这些资源不仅用于支持战争，还用于改善民生，规范金融市场，稳定金融秩序。这些实践不仅实现了从无到有、由弱到强的历史跨越，也形成了不断从失败走向成功的历史经验。其中，北海银行就是山东红色金融的代表性实践之一，它从无到有、由分至合的发展轨迹，是中国共产党领导经济金融工作实现历史飞跃的缩影。在新时代，发挥好中央金融工作委员会的作用，关键是切实加强金融系统党的建设。党的建设搞得好不

① 习近平：《论把握新发展阶段　贯彻新发展理念　构建新发展格局》，中央文献出版社 2021 年版，第 308 页。

好，事关金融系统的凝聚力和战斗力，决定金融事业成败。要以党的政治建设为统领，全面加强党的各方面建设，并融入公司治理、经营管理全过程，以高质量党建促进金融高质量发展。①

第二，山东红色金融工作经验推进金融高质量发展，加快建设金融强国。山东红色金融积累了丰富的金融工作经验，为推动社会主义建设、改革开放、新时代中国特色社会主义事业发展起到了极为重要的积极作用，也为后来的金融改革和发展提供了有益的借鉴。

在山东抗日根据地，红色金融机构在建立银行制度、发行货币、开展金融合作等方面进行了大量实践探索，形成了具有山东特色的红色金融模式。新时代背景下，要借鉴山东红色金融的实践探索经验，紧紧围绕服务实体经济、防控金融风险、深化金融改革，创新和完善金融调控，健全现代化金融企业制度，完善金融市场体系，加快构建中国特色现代金融体系，促进经济和金融良性循环、健康发展。具体来说：

首先，坚持服务实体经济的宗旨。红色金融机构在抗日战争时期就始终坚持服务战争需要和人民生活的宗旨，为抗日战争的胜利提供了有力的金融支持。在新时代背景下，我们同样需要坚持服务实体经济的宗旨，通过金融手段促进产业升级、科技创新和绿色发展，为经济高质量发展提供有力的金融支持。

其次，加强金融风险防控。红色金融机构在抗日战争时期就注重金融风险防控。新时代同样需要加强金融风险防控，建立健全金融监管体系和风险预警机制，及时发现和化解金融风险，确保金融的稳定与安全。

最后，深化金融体制改革。在抗日战争时期，红色金融机构进

---

① 中共中央党史和文献研究院：《习近平关于金融工作论述摘编》，中央文献出版社 2024 年版，第 31 页。

行了丰富的实践探索与创新活动，为后续金融体制改革积累了宝贵经验。在新时代背景下，深化金融体制改革显得尤为迫切。应通过创新金融产品与服务模式、优化金融结构、提升金融服务，推动金融高质量发展。

第三，山东红色金融孕育的伟大革命精神助力金融人才队伍的培养。

山东红色金融孕育的伟大革命精神，不仅见证了革命时期金融事业的艰辛与辉煌，更在新时代背景下，成为助力金融人才队伍培养的重要精神源泉。这种精神蕴含着坚定的理想信念、不屈不挠的斗争意志和无私奉献的高尚品质，为新时代金融从业者树立了光辉的榜样。

在培养金融人才队伍的过程中，弘扬山东红色金融孕育的伟大革命精神，意味着要引导金融从业者树立远大理想，坚定走中国特色社会主义金融发展道路的信心和决心。同时，也激励着金融人才在面对困难和挑战时，能够保持坚韧不拔的斗志，勇于担当、敢于创新，为金融事业的繁荣发展贡献自己的力量。此外，山东红色金融所展现的无私奉献精神，也为新时代金融人才树立了正确的价值观。在金融工作中，要始终把人民利益放在首位，以服务实体经济为宗旨，不断提升金融服务的质量和效率。要在金融系统深入开展传承中华传统美德教育，培育践行社会主义核心价值观，把金融文化纳入干部职工教育培训计划，完善金融教育体系，积极践行中国特色金融文化。通过学习和传承红色金融精神，金融人才队伍将更加紧密地团结在一起，形成强大的凝聚力和战斗力，共同推动金融高质量发展，加快建设金融强国。

综上，山东红色金融事业的当代价值，不仅在于其作为历史遗产的珍贵性，更在于它对于新时代金融发展的深刻启示。这一事业不仅见证了革命时期金融事业的艰难探索与辉煌成就，更以其独特的实践经验和精神内涵，为当代金融改革与发展提供了宝贵的借鉴与引领。山东红色金融伟业既是历史的见证，也是未来的引领，将激励着我们在金融事业的道路上不断前行，创造更加辉煌的成就。

思考题

1. 山东红色金融的历史贡献有哪些？
2. 山东红色金融在新民主主义革命时期铸就了怎样的革命精神？
3. 山东红色金融为新时代金融强国建设有何借鉴意义？

参 考 文 献

［1］《毛泽东选集》（第 1 卷），人民出版社 1991 年版。

［2］逄先知：《毛泽东年谱（1893—1949）》，中央文献出版社 2002 年版。

［3］中国金融思想政治工作研究会：《中国红色金融史》，中国财政经济出版社 2021 年版。

［4］陕甘宁革命根据地工商税收史编写组、陕西省档案馆：《陕甘宁革命根据地工商税收史料选编》，陕西人民出版社 1987 年版。

［5］陕西省档案馆、陕西省社会科学院：《陕甘宁边区政府文件选编》，档案出版社 1986 年版。

［6］陕甘宁边区金融史编辑委员会：《陕甘宁边区金融史》，中国金融出版社 1992 年版。

［7］河北省金融研究所：《晋察冀边区银行》，中国金融出版社 1988 年版。

［8］中共山东省委党史研究室、山东省中共党史学会：《山东党史研究文库·地方史卷》，山东人民出版社 2015 年版。

［9］况昕、刘锡良：《红色金融"是什么""为什么行"的三重逻辑》，载《财经科学》2022 年第 10 期。

［10］张静：《抗战时期的光华商店》，载《西安文理学院学报（社会科学版）》2017 年第 4 期。

［11］张燚明：《抗战期间国民政府对中共晋察冀边币的应对与处理》，载《抗日战争研究》2014 年第 2 期。

［12］李婧、姜雪晴：《从"工"字银元到边币：红色货币的崛起及对新时代经济安全的意义》，载《社会科学战线》2023 年第 6 期。

［13］郭本意：《全面抗战时期山东地区国共铸币权之争》，载《抗日战争研究》2018 年第 4 期。

［14］中国金融思想政治工作研究会：《中国红色金融史》，中国财政经济出版社 2021 年版。

［15］中国人民银行：《中国共产党领导下的金融发展简史》，中国金融出版社 2012 年版。

［16］张绪东：《中国红色金融简史》，中国旅游出版社 2019 年版。

［17］孙守源：《山东革命根据地货币史》，中国金融出版社 2000 年版。

［18］李海涛：《北海银行》，黄河数字出版社 2009 年版。

［19］陈新岗等：《山东革命根据地的奇迹与启示：货币、金融与经济政策》，山东人民出版社 2014 年版。

［20］葛志强等：《山东革命根据地北海银行历史年表》，中国文史出版社 2014 年版。

［21］山东省钱币学会：《北海银行货币大系》（上下册），齐鲁书社 2015 年版。

［22］山东省钱币学会：《鲁西银行货币》，中国金融出版社 2020 年版。

后　记

为更好地担负起新时代使命，赓续中国红色血脉，齐鲁工业大学（山东省科学院）深入挖掘校（院）中国红色基因，在建成"山东红色金融博物馆"、编写《山东红色金融研究丛书》的基础上，又撰著了《山东红色金融概论》一书，作为缅怀山东红色金融事业的革命先贤，教育启迪当代金融人不忘初心、牢记使命的重要学习用书。

本书是集体研究成果。刘德军任主审，张建华任主编，金爱卿、侯宝霞、韩淑卿任副主编。各章撰稿、统修情况如下：绪论，吉雪燕撰稿、仲红艳统修；第一章，任庆银撰稿、孙卫东统修；第二章，刘海燕撰稿、迟旭蕾和李树爱统修；第三章，逯国红撰稿、李艳统修；第四章，王好焱和吉雪燕撰稿、杨付红和孙海娇统修；第五章，刘硕撰稿、袁沛杰统修；尾论，金爱卿撰稿、赵晶统修。刘倩倩和孙凡雅负责全书的统排，管震负责全书的编务工作，最后由主审、主编、副主编统审、定稿。

在本书的编写过程中，我们参考了诸多金融业、学术界研究的成果；同时，山东大学马克思主义学院博士生导师周向军教授欣然为本书作序。本书的出版得到了中共山东省委金融委员会办公室、中共山东省委宣传部、中共山东省委党史研究院、中国人民银行山东省分行、经济科学出版社的鼎力相助。在此，一并表示真诚的谢意。

　　由于编写《山东红色金融概论》一书是一项极为严肃的工作，加上时间紧、任务重，又受水平所限，书中难免有不尽如人意之处，恳请方家与广大读者指正。

编　者

2024 年 12 月 6 日